52. T
1 d. x t c. 4011.

©

170 x n - ° 6

ÁVRORÁ
THESAVRVS-

QVE PHILOSOPHORVM,
Theophraſti Paracelſi, Germani
Philoſophi, & Medici præ cunctis
omnibus accuratiſsimi.

Acceßit

Monarchia Phyſica per GERAR-
DVM DORNEVM, in defenſionem Para-
celſicorum Principiorum, à ſuo Præcepto-
re poſitorum.

Præterea

Anatomia uiua Paracelſi, qua docet autor præter ſe-
ctionem corporum, & ante mortem, patienti-
bus eſſe ſuccurrendum.

15 PALMAM GVAR. 77.

BASILEAE.

T.

ILLVSTRISSIMO AC
POTENTISSIMO PRIN-
cipi, Francisco Valesio, Henrici II.
Piæ Memoriæ Regis Galliarum Fi-
lio, Fratrique Regio Vnico, Duci
Andegauorũ, Biturigum Alen-
conio, Turonensi, &c.

Salus.

On sine Fato factũ, Illustris-
sime Princeps existimandũ,
vt Serenissimi Regis Francis-
ci Magni Valesy, eius nomi-
nis I. Piæ Fœlicisque Memoriæ, Tuæ Cel-
sitatis Aui, nomen geras, Cum re ipsa
Magni eius Animi dotes aiquæ virtutes
omnes facile referas: accitis vndiquæ pollen-
tibus ingenio viris, qui suscitandis, proue-
hendis, ab iniuriys vindicandis, et ad Veritatis normã adducendis, in omni scientiarum genere bonis artibus, nauent operam.
Non immeritò igitur, si quid isti viri suis

A 2

lucubratiunculis (Deo dante tamen) aſſe-
cuti ſint, Benefactori ſuo Deo primùm, de-
nique Principibus eiuſmodi Mæcenati-
bus, dicatum volunt. Idipſum et Henricus
Ille II. Rex Potentiſsimus, Piæ Memoriæ
Pater, ac modo Henricus III. etiam Rex
Inuictiſsimus Frater, Fœlicis Galliæ Reges
omnes, ſemper in delicijs habuerunt. Quid
enim Regibus ac Principibus dignius eſſe
poteſt, quàm ardua regiminũ Conſilia, literis interdum vt ſalibus condere? Hoc ipſum
atteſtatur, ea in re; Animi tui ſplendorem
eximium, dum etiam Translationẽ Phy-
ſicam librorũ Germanicorum Theophraſti Paracelſi, Germani Philoſophi præ cæteris acutiſsimi, doctiſsimi que viri, maximopere fieri cupiat, vt & Gallia per te, Li-
teraria hac fœlicitate fœcundior euadat.
Cui muneri quidem & officio, quòd me (licet indignum) Celſitas Tua præficere di-
gnata ſit: Tuo ſub tuto Patrocinio, non niſi
                                        fœli-

*fœliciter auſpicari poſsum: idque maximè,
quia labor hic, eò neruos totos intendit, vt
ars medica potiſsimùm & phyſica, falſis in-
nixa fundamentis Aethnicorum, ad ſua
nempe veritatis primordia redeant. Non
parum ſanè referre videtur, quibus medicamentis, quibuſuè medicis, homines, præſertim Reges atq̃ Principes, vitam ſuã com-
mittant, proſpicere. Sunt enim ipſamet
quæ hactenus vſu veniunt, malè ſana, &
corruptioni obnoxia pharmaca, vt etiam
per ſe aliquantiſper aſeruata, & nõ aſſup-
ta, morbeſcant, morboſque quos propulſare
deberent, potius introducant. Quando quidem ex quouis generari, ſibi ſimile neceſsũ
eſt, vt ex morbo morbum: non aliter, vt ex
ſano ſanum, ex corrupto corruptum. Docet itaque Præceptor noſter Paracelſus, longè præſtantiori Methodo, corruptione laxa
diſsonaque vitæ membra, medicamentis ab
omni corruptibili remotis, arte ſpagirica,*

A 3

multifariam ad Unitatis & ſanitatis proportionem, ſimpathia quadam adducere:
non ex infideliũ Aethnicorum ſcholis, verum ex vero ſcientiarum omnium vnico
fonte, centroq̃ Veritatis, cuius ignari fuerunt AEthnici prorſum, & eorum diſci-
puli. Vt in Monarchia mea patebit latiùs:
quaquidem artis medicæ vera fundamenta ſolidiſsimis argumentis, innoteſcent, &
quæ Paracelſus prodit in lucem principia
medica, in concuſſo fundamento ſtabilien-
tur. Breuibus vt rem expediam. Ars &
omnis ſapientia nulla, quæ non ex Unitatis
Veritatisque centro fluxerit, vt ex puncto
linea. Suſcipe igitur Princeps Illuſtriſsime
quæſo, de manibus humilimi ſerui tui, quæ
hactenus ita luculentè, fuerunt inaudita,
Patrocinioque tuere contra giganteos homines inimicos veri, vt potes, etiam ab in-
iurijs et inuidia defende. Interea valere
Tuã Celſitatem in Ieſu Chriſto, & in æuum
viuere

 viuere fœliciter opto. Datum Baſileæ priæ
die Idus Augusti 1577.

Illuſtriſsimæ Tuæ Celſitatis

Humilimus Interpres.
Germanicus.

Gerardus Dorn.

A 4

Aurora Philosophorum Doctoris THEOPHRASTI PARACELSI.

Capitulum Primum.

De Origine Lapidis Philosophici.

Rtium inuentor primus Adam, quòd rerum omnium cognitio-nẽ haberet, poſt lapſum æqué atque ante lapſum, inde præſa-giuit mundũ per aquã tranſitu-rũ. Hoç ipſo faćtũ etiam, vt eius ſucceſſores duas lapideas tabulas erigerent, quibus om-nes artes naturales inſculpſerunt, idq; Hie-rogliphicis caraćteribus, vt præſagium hoc poſteris etiam innoteſceret, ac obſeruare-tur, periculorum tempore prouidendum eſ-ſe. Noach poſtmodum in Armenia tabularũ vnam inuenit ſub monte Araroth, tranſacto Diluuio. Qua quidem ſuperioris firmamen-ti, & inferioris globi nec non planetarum curſus deſignabantur. Tandem vniuerſalis hæc notic, particulatim in diuerſa diſtraćta, viribus ſuis imminuta eſt, vt iſtiuſmodi ſe-paratio, hunc aſtronomum, illum porro ma-gum, alium cabaliſtam, quartum verò alchi-miſtam effecerit. Vulcanicus ille Abrahã Tu-balchain aſtrologus & arithmeticus maxi-mus, ex Ægipto in regionem Chanaan tra-

|duxit,

duxit,vnde tantum in faſtigium Ægiptij ſur-
rexerunt,vt ab iſtis etiam ad alias nationes
eiuſdem rei ſapientia tranſierit. Quandoquidem Patriarcham Iacob oues picturaſſe
varijs coloribus, magiæ membro factū fuit.
Semper enim Chaldei,Hebrei, Perſæ, & Æ-
gyptij, penes Theologiam has artes libera-
les,ſuis Proceribus,atque Sacerdotibus, vti
ſummam philoſophiam propoſuerunt ad-
diſcendam. Non ſecus euenit Moyſis temporibus, quibus cùm Sacerdotes, tum ipſi
medici, magos inter electi ſunt: iſti quidem
in illorum iudicium, quod ſanitatem con-
cernebat, preſertim in lepra cognoſcenda.
Moyſes etiā cura et impenſis filiæ Pharao-
nis ſcholis Ægyptiorum inſtructus eſt, vt in
eorū ſapientia præcelleret. Nó aliter Daniel
ab ineunte ætate Chaldeorum doctrinā ſu-
xit,vt in cabaliſtam euaderet.Teſtantur eius
diuina præſagia, & expoſitiones iſtorum
verborum, *Mene Mene Tecelphares*, Per pro-
pheticam & cabaliſticam artem verba hæc
intelligenda ſunt. Artis huius cabaliſti-
cæ traditio,apud Moſen & prophetas fami-
liaris admodum fuit,atque plurimùm vſita-
ta.Elias propheta ſuis cabaliſticis numeris,
multa prædixit.Itidem & antiqui ſapientes
hac arte naturali,& myſtica,Deum ex æquo
noſce didicerunt,ac in eius mandatis huiuſmodi legibus firmiùs perſtiterunt & ambu-

A 5

larunt.Pariformiter & libro Samuelis habetur,Berelifticos Diaboli fortem nó fuiffe fe-
cutos, verùm diuina permiffione vifionum
apparitionumque verarum fuiffe participes,
quod quidem lib.de fupercœleftibus latiùs
vrgebimus.   Donum eiufmodi facerdoti-
bus in diuinis precéptis ambulantibus à
Domino Deo cócefſum eft. Mos Perfis fuit,
neminem in regem præter fophum re ac nomine fublimatum admittere: quod vtique
patet hoc ipfo regum fuorum nomine So-
phi.Tales etiam extiterunt illi fophi ac magi Perfæ,qui Chriftú Iefum ab oriente quæ-
fiuerunt, et facerdotes naturales appellati
funt. Ægyptij quoque à Chaldeis & Perfis
hanc magiam & philofophiam affecuti,fuos
facerdotes eandé fapientiá addifcere volu-
erunt: in qua etiam tantum fructum fecerunt, vt circumuicinis omnibus regionibus
venirent in admirationé. Hac de caufa Hermes verè Trifmegiftus nominatus eft, quia
Rex tum Sacerdos atque Propheta, Magus,
& Sophos rerum naturalium fuit. Talis etiá
et Zoroaftes extitit.

Capitulum fecundum.

Quo declaratur,bonam partem huius fapi-
entiæ,Græcos ab Ægyptijs haufiſſe,
& ab iſtis ad nos deriuaſſe.

Poft-

POstmodum vbi filius Noach, tertiam mundi parté occupauit à Diluuio, hæc ars in Chaldeam & Persiam vi quadam irrupit, &inde inÆgyptũ. Idipsum superstitiosi & idololatræ Greci cùm subodorasset, eorum aliqui qui sagaciores erant, ad Chaldeos se contulerunt,& ad Ægyptios, vt ex eorum scholis eandem haurirent sapientiam. Verumenimuero,cũ non arrideret eis theologicũ byblicumúe legis Mosayicæ studiũ, proprio suo genio confisi, à recto fundaméto naturalium eiusmodi secretorum & artiũ exciderũt.Exemplo patet, cùm tam fabulosè de Moysis doctrina senserint ac titubarũt. Ægyptijs mos fuit,eiusmodi traditiones excellentis sapientię,non nisi figuris ænigmatibus,& abstrusis historijs atque vocabulis proponere. Quę postmodum Homerus artificio mirando pœmatum adumbrauit. Accessit & Pythagoras, qui plurima ex lege Moysis & veteris testamenti permiscuit.Pariter & Hippocrates,Thales Milesius, Anaxagoras, Democritus & alij,sua non desierunt ingenia his applicare.Quamuis eorum nullus Astrologiæ,Geometriæ,Arithmeticę vel Medicinæ verarum peritus esset. Impediuit eos nimirum sua superbia, quæ discipulos aliarum nationum admittere noluit. Cùmque non nihil à Chaldeis, & Ægyptijs percepissent, longè superbiores accidentę

quàm

quàm antea natura facti, fubtilioribus fig-
métis ré ipfam acuere nó verentes, philofophiam quandam defcribere conati funt, quę
poftmodû àGrecis ad latinos deriuauit. Qui
tandem hac imbuti & inftructi, fuis quoquę
dicterijs adornarunt. Ab his omnibus, per
totam Europam difseminata philofophia
hæc, multas Academias conftruxit, in eius
dogmatum propagationem, qua iuuentus
inftrueretur, et in hunc vfque dié penes Ger-
manos et alias nationes viget.

Capitulum tertium.

Quidnam docebatur in Aegyptiorum fcholis.

CHaldei, Perfæ, & Ægyptij habuerunt
eandem arcanorum naturæ cognitionem, & eandem religionem, mutatis dumtaxat nominibus. Chaldei, & Perfæ fuam
doctrinam vocant Sophiam atque Magiam.
Ægyptij verò, ob facrificium, fuam fapientiam appellant facerdotium. Perfarum Magia, & Ægyptiorû Theologia docebátur o-
lim in fcholis fimul ambæ. Quamuis in Ara-
bia, Africa, & Grecia fcholæ multæ, doctiq;
viri fuerint, vt Albumazar, Abenzagel, Geber, Rafis, & Auicena: apud Arabes, Machaó,
Podalirius, Pythagoras, Anaxagoras, Democritus, Plato, Ariftoteles, & Rodianus penes
Grecos, nihilominus varij fenfus inter fe
fuerunt, & quod ad fapientiam Ægyptiorû
attinet

attinet discordes extiterunt. Pythagoras ea
de causa Sophus appellari noluit, quia Sa-
cerdotium Ægyptiorū & sapientia perfectè,
vt par erat, minimè docebatur, & si multa
nihilominus inde reportasset mysteria & arcana, Anaxagoras quoque plurima. Patet ex
disputationibus, quas de sole, & eius lapide
facit, & quas à morte sua reliquit. Ægyptijs
tamen contrarius in multis fuit. Quapropter & ipsi, noluerunt appellari Sophi, nec
Magi, sed Pythagoram ea in re imitantes,
philosophiæ nomen assumpsērūt: ipsi tamē
non nisi scintillas quasdā vt vmbras ex Magia Persarum & Ægyptiorum reportarunt.
Verùm Moyses, Abraham, Salomon, Adam,
Elias, & Magi ab oriente ad Christum veni-
entes, veri Magi fuerūt & Sophi diuini, necnon Cabalistæ. Cuius artis & sapientie Greci, parum aut prorsus nihil experti fuerunt.
Quapropter istorum scilicet Grecorum philosophicam sapientiam, vt speculationē ab
alijs veris artibus & scientijs, longè latèq;
distantem ae separatam relinquimus.

Capitulum quartum.

Quales Magi fuerunt Chaldei, Persæ
& Aegyptij.

MVlti tentarunt secretissimam istorum
sapientum Magiam cùm scrutari, tū
in vsum reducere. Idipsum tamen hactenus
factum

factum non extitit. Plærique hac noftra tem-
peftate exaltant Trithemium, alij Baconé,
& Agrippam, ob Magiam & Cabalam quæ
minimé concordare videntur, ignorantes
cur faciant. Magia quidem eft ars & facultas, per quam ad elementorum, corporum,
& fructuum eorum, proprietatum, virium,
operationùmque abftrufarum peruenitur.
At ipfa Cabala, ex anagogia, viam ad Deum
hominibus ftruere videtur: quinam cum ipfo agendum, & ex ipfo prophetandũ. Nam
plena eft diuinis myfterijs Cabala, vti Magia naturalibus arcanis : præfagia fiquidem
illa ex natura futurorum & prefentium effa-
ri docet. Eius enim operatio cõfiftit in creaturis omnibus tam cœleftibus, quàm terrenis corporibus cognofcendis intrinfecus,
quid in ipfis occultetur, quæ vires lateant,
cui deftinata funt ab initio, tum quibus pro-
prietatibus dotata. Hæc et fimilia vinculum
funt, quo cœleftia terrenis coniunguntur, vt
oculariter etiam aliquando percipi poteft
ac fenfualiter, ab operationibus fuis. Talis
influentiarum cœleftium coniunctio, vel im
preffio, qua operantur in inferiora corpora
cœleftes vires, Gamahea Magis, vel matri-
monium, virium & proprietatum cœleftiũ
cum elementaribus corporibus dicta fuit o-
lim. Inde fluxerunt excellentiffimę comix-
tiones corporum omnium cœleftium, atq;
                                    terre-

terrenorum, Solis videlicet, ac planetarum, item vegetabilium, mineralium, & animalium. Diabolus tentauit conatibus totifque viribus, eiufmodi lucem obfufcare. Nec in totum fua fpe fruftratus, cùm totam Greciã ea priuarit, & eius loco fpeculationes humanas, & meras blafphemias in Deû, & filiũ eius, eò gentium introduxit. Magia vtique fuam originé ex diuino Ternario, & ex Trinitate Dei duxit originem. Etenim creaturas omnes hoc Ternario Deus infigniuit, ac de giro fuo Hieroglyphicum hunc Ternariũ ipfis infculpfit, vt nihil etiam in rerum natura valeat affignari, vel adduci, quod hoc magifterio diuini Ternarij careat, quodùe hunc oculariter non demonftret. Creatura quidem, nobis Creatorem ipfum intelligere ac videre docet: vt etiam diuinus Paulus ad Rom. teftatur. Fœdus hoc diuini Ternarij per totam fubftantiam rerũ diffufi, eft indiffolubile: per quod etiã habemus arcana totius naturæ ex elemétis quatuor. Ternarius enim cum magico quaternario, perfectum feptenarium producit, multis arcanis dotatum, notifque demonftratũ. Et quum quaternarius in Ternario quiefcit, oritur lux mũdi in Orizonte æternitatis, totùmque vinculum cum Deo nobis exhibet. Ad hæc etiã accedunt vires & operationes creaturarum omnium, & vfus earum fuis arcanis, fignis,

caracte-

caracteribus, & figuris infignitarum, vt in eis vix minimum punctum occultum relinquatur, quod non examinatione pateat. Quandoquidem vbi quaternarius & ternarius ad denarium afcendunt, eorum fit ad vnitatem regreffus. In eo concluditur omnis occulta rerum fapientia, quam Deus cùm verbo fuo, tum creaturis manuum fuarû, palam fecit hominibus, vt veram noticiam haberent earum : quod alio loco latiùs declaratur.

Capitulum quintum.

De potißima fummaq̃ rerum effentia.

Agi per fuam fapientiam affirmarût, omnes creaturas ad Vnitam fubftantiam adducendas, quã fuis mundationibus & purgationibus afferunt in tantam fubtilitatem afcendere, diuinanique naturam, & occultam proprietaté, vt operetur admiranda. Confiderârunt enim in terram redituram, & per fupremam feparationem magicam, perfectam quandam fubftantiã emerfuram, quæ tandem plurimis induftriofis & valde prolixis præparationibus, ex vegetabilibus fubftantijs in mineralia, ex mineralibus in metallica, & ex perfectis metallicis fubftantijs attollitur, in perpetuam ac diuinam effentiam quintam, omnium cœleftiû ac terreftrium creaturarum effentiam in fe
conclu-

concludentem. Arabes & Gręci, per caracte-
res occultos, & Hieroglyphicas descriptio-
nes Persarum & Ægyptiorum, ad secreta &
abstrusa mysteria peruenerūt, quibus adep-
tis, & partim intellectis, partim verò non, ad
miranda quædam experiundo viderūt oculariter. Sed quia supercœlestes operationes
profundiùs laterent, quàm captus eorum
posset assequi, arcanum hoc non iuxta Ma-
gorum sententiam vocarunt supercœleste,
sed philosophorum arcanum, & ex sententia Pythagorę lapidem eorum. Hunc qui-
cumquē assecuti sunt, varijs adumbrarunt
figuris ænigmaticis, deceptorijsque simili-
tudinibus, comparationibus & vocabulorū
fictionibus : vt posteris eius materia saltem
occulta foret, cuius nulla vel minima haberi
posset noticia.

Capitulum sextum.

De varijs erroribus quoad materiam, inuen-
tionem eius & notitiam.

PHilosophi varia huic materiæ lapidis
nomina præfixerūt occultissima, à simi-
litudinibus allata. Hoc Arnaldus obseruans
in Rosario, summam inquit in materiæ lapidis huius inuentione difficultatem existere.
Vegetabilem enim appellarunt, mineralem,
& animalem, non iuxta literalem sensum,
vti norunt sapientes diuinorum arcanorum

B

& miraculorum eiufmodi lapidis expertî.
Huius exemplum preſeſert Raymundi Lullij lunaria, quæ ſlores mirandarum virtutum
edit,familiares ipſis philoſophis. Hæc non
ſuit eorum opinio tamen, vt per eam intel-
ligeretur aliqua ſuper metalla proieĉtio, vel
præparatio talis inde ſieret : verùm abſtru-
ſa mens philoſophorum alio ſpeĉtat. Non
aliter materiam ſuam appellarunt nomine
Martagon, cui operationé occultam alchi-
miſticam applicuerunt,cùm tamen id prorſus nihil denotet præter occultiſſimam quâ-
dam ſimilitudinem. Error etiam non minimus in vegetabilium liquoribus ortus eſt,
quibus mercurium coagulare plurimi conati ſunt, & poſtmodum ſixatorijs aquis in lunam conuertere, exiſtimantes eum qui haê
via citra metallorum auxilium coagulare
poſſet,maximum aſſecutum eſſe magiſterû.
Et quamuis nonnullorum vegetabilium liquores id efficiant, non aliunde fieri, quàm
ob reſinam, pinguedinem aut ſulphur terre-
num quo abundant,iudicabitur : Hoc mercurij humiditatem, & vitam ad ſe trahit, quo
ſeſe permiſcet illius ſubſtantiæ, coagulando
præter omnem vtilitatem. Nam craſſum &
externum ſulphur nullum,in vegetabilibus,
ad perfeĉtam proieĉtionem in alchimia aptum eſſe, compertum eſt mihi : quod etiam
nô ſine maximo diſpendio experti ſunt plurimi.

timi. Etfi nonnulli fucco Titimalli albo la-
cteoq; propter calorem intenfum & acutum
in eo exiftentem, coagularunt mercurium,
& eiufmodi liquorem lac virginis appellarunt, falfum tamen fundamentum hoc fuit.
Non fecus de fucco Chelidoniæ exiftiman-
dum, licet colore fuo imponat oculis, ac fi
dotatum effet auro. Colligétes inde vanum
quid, certo ac determinato tempore, vegetabile hoc eradicarunt, ex quo animã vel quintum effe venati funt, vnde coagulantem ac
permutanté tincturam efficerent, verùm &
hinc nihil præter fatuum errorem ortum.

Capitulum feptimum.

De erroribus eorum qui lapidem quærunt
à vegetabilibus, vt fupra.

ALchimiftarũ aliquot, expreffum è cheli
donia fuccum ad fpiffitudinem vel có-
fiftentiam excoxerunt, expofueruntque foli, vt in maffam duram per fe coagularetur,
quæ poftmodum in puluerem minutiffimũ
contufa nigri fpadiceiuè coloris, mercurium
proiectione verteret in fólem, quod vanum
effe compererunt.   Alij admifcuerunt huic
pulueri fal armoniacum : alij colchotar vitrioli, opinantes ea via fe ad optatum peruenire fihem potuiffe. Solutionibus in flauam
aquam adduxerunt, vt fal armoniacum, tincturæ præberet ingreffum in mercurij fub-

ſtantiam, nihil tamen inde factum eſt. Nonnulli prædictorum loco, ſuccos Perſicariæ,
Bufonariæ, Dracunculi, foliorum ſalicum,
Titimall, Cataputiæ, Flammulæ, ac ſimiliū
ſimul vnà cū ipſo mercurio, per dies aliquot,
vitreo vaſe concluſos, in cineribus tenuerūt,
accidit vt inde mercurius in cinerem verte-
retur, ſed perperam & nullo fructu. Decipie-
bātur enim iſti, vanis vulgi rumoribus, quibus iactatum fuit, eum qui mercurium, abſq;
metallis coagulare poſſet, habere magiſteriū
integrum, vt ſuprà memenimus. Eorum
plurimi ex vegetabilibus ſalia, olea, & ſul-
phura traxerunt arte, ſed fruſtra. Nam ex ſalibus, oleis, aut ſulphuribus eiuſmodi, nulla
coagulatio mercurij, vel perfecta proiectio,
neque tinctura fieri poteſt. Quòd verò philoſophi, materiam ſuam arbori cuipiam au-
reæ ramorum ſeptem comparent, intelligūt
eam in ſuo ſpermate, metalla ſeptē conclu-
dere, & in eo latère. Quapropter materiam
ſuam vegetabilem eſſe dixerunt: tum etiam
quia non aliter quàm naturales arbores, ſuo
tempore varios flores proferunt, materia lapidis colores pulcherrimos patefacit, in flo-
rum ſuorum productione. Item ea de cauſa,
quia ex terra philoſophica, materia quędam
exurgit, vt virgultum ſpongiæ terræ ſimile,
dicunt arboris ſuæ fructum ad cœlum tendere. Ideo protulerunt in vegetabilibus naturæ,

curæ,totius rei cardinem verti, sed nó in vegetabilibus materiæ: tum etiam quia suus
lapis animam,corpus,& spiritu in se continet,vt vegetabilia.

Capitulum octauum.

De his qui Philosophorum lapidem in ani-
malibus quæsiuerunt,

Similitudinaria quadá appellatione materiam suam,lac virginis esse dixerút, &
rosei coloris benedictum sanguinem, qui tamen solis prophetis & filijs Dei conuenit.
Inde Sophistæ collegerunt materiam philosophicam hanc,in animalium sanguine, vel
hominis existere,occasione sumpta,quòd ex
vegetabilibus nutriantur. Alij in capillis, in
sale vrinæ, in Rebis.Alij in ouis gallinarum,
in lacte,in ouorum corticum calce: quibus
omnibus mercurium figere posse putarunt.
Extraxerunt aliqui ex fœtido lotio sal, credentes lapidis esse materiam. Non desierunt
qui lapillos in Rebis repertos materiam esse
iudicarent.Alij membranas ouorum asperri-
mo lixiuio macerarunt,quibus etiam ouorū
calcinatos cortices albissimos niuis in modū admiscuerunt,his attribuentes arcanū fi-
xationis ad mercurium inuertendum. Alij
ouorum albumen argento comparantes, &
auro vitellum,in suam elegerunt materiam,
admistis sale comuni, armoniaco, tartaroq;

B 3

vſto,ſimul ea vitro concluſerunt, balneòque
maris putrefecerunt, idque trantiſper dum
albus color in rubicundiſſimum, ſanguinis
inſtar abiret,Hocipſum in fœtidiſſimum deſtillarunt liquorem,prorſum inutilem, ad o-
pus quod quærebant. Alij putrefecerunt albumen & vitellum ouorum, & inde Baſiliſ-
cus generatus eſt, quem in rubicũdiſsimum
puluerem exuſſerunt, eoque tingere puta-
bát, cuius autor fuit Gilbertus Cardinalis in
ſuo tractatu.Plerique fella boum,& aliorum
animalium,ſale permiſto cómuni macerata,
deſtillarunt in liquorem,quo cementationũ
pulueres imbutos,exiſtimarunt metalla ſua
tingere poſſe magiſterio quodam,quod partem cum parte nuncuparunt, & inde nihil
actum eſt. Aliqui tutiá, ſuis cum additioni-
bus,vti ſanguine draconis, er alijs, cuprum
aut electrum in aurũ permutare conati ſunt.
Alij iuxta venetorum artem (vt aiebant) viginti ſtelliones,plus minuſuè concludebant
olla,fameque redigebant ad inſaniam, vt v-
nam alia deuoraret, vnica ſuperſtite, quam
limaturis cupri vel electri paſcebant, exiſti-
mantes genus|hoc animalum in ventriculo
ſuo digeſtione ſola permutationem optatã
efficere: poſtremò exurebant animal hoc in
rubicundum puluerem,quem putabant aurum eſſe, verùm & eò decepti fuerunt, Alij
tandem in piſcibus quos Trutas vulgò ſolet
appel-

appellare , crematis per liquationem , aurum aliquoties inuenerunt , non alia de
caufa,nifi quia genus hoc pifcium, in flumi-
nibus atque torrentibus, fqamas, aureafque
fcintillas colligere manderéque folitum fit,
raró tamen id contigit. Tales impoftores
potiffimum inueniuntur in Aulis Principū.
Non eft materia philofophorum in animalibus quæréda:hoc omnes admonitos velim.
Attamen eft quòd fciatur,philofophos lapidem fuum animalem appellaffe, quòd poftremis fuis operarionibus,virtute nobilifsimi huius ignei myfterij , liquor obfcurus
ex ea materia in fuo vafe guttatim exudet.
Inde protulerunt præfagium hoc, fcilicet
poftremis temporibus, puriffimum hominē
in terras vēturum, per quem liberatio mundi futura effet,guttas hunc ipfum hominem,
rofei rubeiue coloris & fanguineas emiffu-
rum,quo medio mundum à labe redimeret.
Pariformiter & fanguis fui lapidis (in fuo ge
nere tamen) leprofa liberabat metalla, fuis
ab infirmitatibus, & contagie. Quare non
immeritò dixifse putarunt, fuum lapidem
animalem effe.Hoc de myfterio Mercurius,
ad Regem Calid ita loquitur, Myfteriū hoc,
folis Dei Prophetis permiffum eft cognof-
cere, quo fit, vt lapis hic animalis vocetur.
Nam in fanguine lapidis huius, latet anima
fua:componitur etiam ex corpore, fpiritu

& anima. Simili ratione vocarunt suum Microcosmum, quod rerum omnium totius mundi similitudinem habeat,& inde rursus animalem esse dicunt, vti Plato magnum mundum animal vocat.

Capitulum nonum.

De his qui lapidem quæsiuerunt in animalibus,

ACcesserunt ignari, credentes lapidem esse triplicem, atque triplici genere secretum, vrpura vegetabili, animali, & minerali. Quo factum, vt in mineralibus quæsierint. Hæc sententia, longè distat à philosophorum opinione. Asserunt enim, suũ lapidé vniformiter vegetabilé, animalé & mineralé. Notandũ ad hæc, naturam sperma suum minerale, in varia genera distribuisse, videlicet in sulphura, salia, boracia, nitra, armoniaca, alumina, arsenica, atramenta, vitriola, tutias, hœmatites, auripigmenta, realgara, magnesias, cinnabarim, antimonium, talcum, cachymiã, marcasitas, &c. In istis omnibus, natura nondum assecuta est materiam nostram. Quamquam in aliquibus dictarũ specierum, miro se patefacit aspectu, in transmutationem inperfectorum metallorum, ad perfectionem adducendorum. Longa siquidem experientia, & igneum exerciciũ, multifariam ostendunt permutationem, in materia mineralium ; nedum ex coloribus in colores,

colores, verumetiá ex vna eſſentia in aliam,
& ex imperfectione ſui,in perfectioné,Quá-
uis etiam natura, medijs mineralibus, aliquam perfectioné,præparationibus ſit pro-
ſecuta,non ideo volunt philoſophi,ſuam lapidis philoſophorum materiam,ex vllo mineralium progredi,licet lapidem ſuum eſſe
mineralem dicant.Vndé Sophiſtæ,ſumentes
occaſionem, ipſum mercurium, varijs tor-
turis perſecuti ſunt:aliqui ſublimationibus,
coagulationibus,præcipitationibus,mercu-
rialibus aquis,fortibus, &c. Quæ omnes er-
roneæ viæ vitandæ ſunt,cú cæteris Sophiſtarum præparationibus mineralium, purgationibus, & fixationibus ſpirituum,atque
metallorum. Quapropter lapidis præparationes omnes, vti Geberi, Alberti Magni, &
ſimilium ſunt ſophiſticæ,purgationes eorú,
cemétationes,ſublimationes,deſtillationes,
rectificationes, circulationes, putrefactio-
nes cóiúctiones, ſolutiones, aſcéſiones,coa-
gulationes, calcinationes, & incerationes,
prorſum inutiles: cùm in tripode athanore,
furno reuerberatorio,liquefactorio,accidio-
neo,ſimo,cinere, arena, ſimilibuſque:tum in
curcurbita, pellicano, retorta, phyala, fixa-
torio,&c. Idipſum de ſublimatione mercurij,per minerales ſpiritus ad album & rubeú,
vti per vitriolum,ſalpetræ, alumen, crocum
Martis,exiſtimandum.De quibus omnibus,

B 5

falsò fabulatur ille Sophiſta, Ioannes de Ru-
peciſſa, tractatu ſuo de lapide philoſophorū,
albo & rubeo. Quæ ſimul, ementita ſomnia
ſunt omnia. Fugienda ſunt etiā, particularia
ſophiſtica Geberi, prout ſunt ſeptenę ſubli-
mationes, aut mortificationes ité reuifica-
tiones Mercurij, cū ſuis præparationibus, p
ſal vrinę, vel per ſepulchrū factis quę ſingula
falſa ſunt. Quidā alij, mineraliū & metallorum ſulphuribus, mercurium fixare conati,
ſummè decepti fuerunt. Vidi ſiquidem, hac
arte mercurium in corpus metallicum, per
eiuſmodi fixationes ādductum, ſimilitudine
quidem, in omnibus, & per omnia, bonum
argentum fingentem ac repræſentantem, ve-
ràm in reſta, falſum vt extitit, etiā apparuit.

Capitulum decimum.

De his qui lapidem & particularia quæſi-uerunt in mineralibus.

SOphiſtarum noñulli, tentarunt ex mercurio ſepties ſublimato, ac toties diſſo-
luto, fixum oleum emungere, medio quidé
aquarum fortium, quo metalla imperfecta,
ín perfectioné adducerentur: at fruſtraneum
opus hoc, relinquere coacti ſunt. Aliqui vitriolum ſepties purgarunt, calcinatione, ſo-
lutione, & coagulatione, & cū duarum partium armoniaci ſalis additione, ſublima-
tionéque, vt in aquam albam reſoluere-
tur

tur, cui tertiam partem addidere mercurij
viui, vt ea coagularetur aqua: mercurium toties postmodum, à dicto vitriolo, & armoniaco sale sublimarunt vt in lapidem abie-
rit. Hunc affirmarunt, ex vitriolo conceptu,
rubeum sulphur esse philosophorum, quo
cum solutionibus, & coagulationibus pro-
gressi sunt ad lapidem, sed in proiectione, fecerunt nihil. Alij mercurium coagularunt,
per aquam aluminis, in massam duram alu-
mini similem, quam fixatorijs aquis fixarunt
inutiliter. Sophistę, plurimas rationes fixan-
di mercurium, sibi frustra praefigunt, quòd in
mercurio, nihil perfecti còstantisùe habeatur. Hoc fit, vt in vanum addantur ei mineralia, per sophisticos processus, quibus omnibus, ad maiorem sui malitiam excitatur, vi-
uufque magis efficitur, & potius ad maiorē
impuritatem adducitur, quàm ad aliquam
perfectionem. Non est igitur, ab eo materia
philosophorum petenda: cū sit imperfectum
quid, quod si ad perfectionem adduci queat,
sophistarū progressibus valde difficile fuerit,
imò impossibile, cùm in eo nihil sit, quod in
perfectionem excitari cogiùe queat. Aliqui,
sumserunt arsenicum aliquoties sublimatū,
ac multoties oleo tartati dissolutum, & coa-
gulatū, idq; fixare praetenderunt, quo cuprū
in argentum verterét, id ipsum & nihil, praeter sophisticam de albationem quandá prae-
stulit.

se tulit.Etenim, arfenicum fanè minimè figi
poteft,nifi operator artifta, fpiritũ eius tin-
gentem ex æquo cognitum habeat, in quoquidem omnes dormitarunt philofophi,
fruftra conantes ex eo quid efficere. Quicũ-
que igitur fpiritum hunc ignorauerit, fpem
ipfum figendi nullam habeat, nec virtutem
illi tribuẽdi, qua tranfmutationis perfectionem acquirat. Quamobrem notum facio
cunctis, dealbationem de qua mentio facta
eft,ex falfo fundamento depromptam, eaq;
falfo cuprũ dealbari, non immutari. Sophi-
ftæ,venerem ad hunc modum laruatam,at-
que fucatam,fui duplo admifcuerunt lunæ,
aurifabris vendiderũt,& monetarijs:poftre-
mò verò,in falfos monetarios fefe transmu-
tarunt,nedum qui vendiderũt, verumetiam
illi,qui emerunt.Aliqui ex fophiftis, albi loco,rubeum arfenicum fumferunt, & hoc ipfum in falfam artem abijt.Quoniam quocũ-
que modo præparetur, nihil præter albedinem exhibet. Nonnulli,progrefsi funt vlteriùs,ad fulphur comune,quod ita flauũ coxerunt aceto,lixiuio, vel vrinis acerrimis,
per diem & noctem, vfque dũ album emer-
fit. Poftmodũ, eleuarunt ipfum à fale communi,& calce ouorum, per fublimationem
coxerunt,& fublimarunt, idque multoties,
combuftibile femper nihilominus extitit,li-
cet album : eo tamen,crudum fixare mercurium,

rium, in aurum conati sunt, at frustra tentatũ
est, optima tamé inde ciñabaris, & pulcherrima, omnium, quam viderim vnquã, resul-
tauit. Hanc fixare putantes, oleo sulphuris
per cementationem, & fixationem, apparen-
tiæ nonnihil habuit, verùm, secus atque res
ipsa desiderabatur, euenit. Alij sulphur commune redegerunt in formam hæpatis, olei
lini, laterini, vel oliuarũ admistione, coquẽ-
tes in aceto. Postmodum in lapidé marmo-
reum effundentes formã hæpatis effecerunt.
Hoc destillarunt in oleum citrinum, igne
lento primùm, sed suo damno sunt experti,
se nihil egisse, ad lunæ tincturam in aurum,
vti putarunt. Vt mineralium infinitus est numerus, non aliter & præparationum eorum
multa varietas: quarum, hoc loco latiorem
facere mentionem distuli, quòd peculiarem
tractatum requirant. Cauendum etiam à sophisticis oleis vitrioli, & antimonij. Itidem
ab oleis metallorum imperfectorum, & per-
fectorum, auri, siue argenti.   Quoniam,
etsi horum operatio potentissima sit in
rerum natura, tamen verus processus, in
hunc vsque diem, paucissimis cognitus
est. Abstinendum etiam, à sophisticis præpa
rationibus mercurij vulgi, arsenici, sulphuris, & aliorum similium, per sublimationem
videlicet, per descensum, & fixationem cum
aceto, sale petræ, tartaro, vitriolo, sale armoniaco,

niaco, ea tamen via & ratione, quam libri sophiſtarum docent. Item fugite ſophiſticas
tincturas à marcaſitis, & croco Martis de-
ſumtas, & ab ea ſophiſticatione, quæ partis
cum parte nomen habet : lunæ fixæ, similiū-
que nugarum. Nam, etſi aliquam ſuperficia-
lem veritatis apparentiam exhibeant (quæ
quidem lunæ fixatio, parui laboris ac indu-
ſtriæ) tamen eiuſmodi progreſſus præparationis, eſt nullus, & inualidus. Compaſſone
motus igitur, erga beniuolos operarios artis
huius, volui, verum philoſophiæ fundamentum patefacere, tribus particularibus arcanis, videlicet: vno per arſenicum: alio per vitriolum: tertio verò, per antimonium expli-
catis. Ex quibus docebo veram proiectionē,
super mercurium & imperfecta metalla.

Capitulum undecimum.

De vero & perfecto arcano particulari ex arſenico ad albam tincturam.

Scripſerunt aliqui, compoſitum arſenicum ex mercurio, & ſulphure: alij ex terra & aqua, plæriſque ex natura ſulphuris.
Quocumq; modo id ſit, eius natura talis eſt,
vt rubeum cuprum, in album transmutet. Ad
eam etiam præparationis perfectionem adduci poteſt, vt verè perfecteq; tingat. Non
ea via, quam docent praui ſophiſtæ, vt ſunt
Geber in ſumma perfectionis, Albertus Ma-
gnus,

gnus, Aristoteles Chimista in libro perfecti
magisterij, Rasis, & Polydorus: nam scripto-
res isti quotquot sunt, errant, vel ex inuidia,
falsa quæq; scribunt, proponuntq; receptæ,
quia veritatem etiam ignorarunt. Arsenicū,
in se tres continet spiritus naturales: primum volatilem, adustibilem, corrosiuum, &
omnia metalla penetrantem. Hic spiritus
dealbat venerem, & post aliquot dies reddit
spongiosam. Quod artificium ad eos perti-
net dumtaxat, qui causticam artem exercét.
Secundus spiritus, christallinus est, ac dul-
cis. Tertius, est spiritus tingens, segregatus
ab alijs prædictis. Has tres in arsenico proprietates naturales, inquirunt veri philosophi, ad perfectam sapientum proiectionem.
Barbitosores verò chirurgiam exercétes, dulcem, & christallinam expetunt naturam, à
tingente spiritu separatam in vsum curatio-
nis vulnerum, & ad bubones, carbunculos,
antraces & cætera similium vlcerum vitia,
non nisi miti quodam artificio curanda. Cæ-
teròm spiritus ille tingens, nisi purum eius,
ab impuro seiunctum sit, à volatili fixum, &
à combustibili, tinctura secreta, proiectionem super mercurium, venerem, aut aliud
quodcumq; metallum imperfectum, haudquaquam expediet ex voto. Philosophi omnes, arcanum hoc, vt mysterium excellentis-
simum occultarunt. Spiritum eiusmodi tin-
gentem,

gentem, ab alijs duobus fecretum, vt fuprà.
coniunges fpirituj lunæ, fimulq; digeri per-
mittes, fpatio triginta duorumque dierum,
ac vfq; dum corpus nouum induerint. Poftquam ad quadragefimum diem naturalem,
calore folis, in inflammationem accenfus
fuerit, apparet fpiritus candore nitido, per-
fectoq; tingendi præditus arcano. Tandem,
ad proiectionem aptus eft, videlicet, eius
pars vna, fuper fedecim partes imperfecti
corporis, iuxta præparationis acuitatem.
Apparet inde luna lucens, & excellentiffi-
ma tamquam è terræ vifceribus eruta.

Capitulum duodecimum.

De arcano vitrioli, rubeaq; tinctura ex eo prolicienda.

Vitriolum, nobile admodum inter cætera minerale, plurimæ femper exiftimationis, penes philofophos exiftit, quòd
præ cunctis, Altiffimus Deus hoc dotibus
miris adornarit. Eius arcanum, figuris æni-
gmatibufq; velarunt, vti hoc eft. *Vifitabis interiora terræ, rectificando inuenies occultum lapidem veram medicinam.* Perterram intellexe-
runt, vitriolum ipfum, & per interiora terræ, dulcedinem eius, ac rubedinem. Quoniam in occulto vitrioli fubtilis, nobilis,
& fragrantiffimus fuccus, ac purum oleum
latet.

latet. Cuius prolectionis modus, calcinatione, vel deftillatione haudquaquam
aggrediendus. Etenim viriditate fua pri-
uari minimè debet: qua quidem, ftatim atq;
fpoliatum erit, arcano pariter, & viribus carere neceffum eft. Notandum vtique hoc loco, minetalia nedum, verum etiam ipfa vegetabilia, fimiliaq; virorem extrinfecus de-
monftrantia, rubeum fanguinis inftar oleũ
in fe continere, quod arcanum eorum eft. Inde patet, pharmacopeorum deftillationes
irritas, vanas, atq; ftultas, nulliufq; momenti
effe, quòd fanguineum ruborem vegetabilium, prolicere minime norint. Ipfa natura
fagax, vegetabilium aquas omnium, in citrinum colorem vertit, & inde poft, in rubi-
cundifsimum vt fanguis oleum. Tardiùs id
ipfum fieri, caufa potifsima eft, deftillátium
operariorum ignorantium nimia præcipi-
tatio, quà viriditas abfumitur. Naturam fuis
viribus corroborare non didicerunt, quo
nobilis ille vitor, per feipfum in ruborem de
bet rectificari. Exemplo vinum album eft,
feipfum in citrinum colorem digerens, &
fuccefsiuo tempore, botri fui virens color,
in rubeum fub coeruleo latentem per fe ver-
titur. Deperdita igitur vegetabilium, & mi-
netalium viriditate, per ignauiam operan-
tiũ, effentia pariter & fpiritus olei, balfami-
que arcanorum nobilifsimi, perierit.

C

Capitulum decimumtertium.

De procesſu vitrioli ad rubeam tincturam.

Vitriolū in ſe multas lutoſas & viſcoſas imperfectiones cōtinet: quapropter aqua viriditas eius elicienda ſæpius, & rectificáda, vſq; dū terrę omnes impuritates exuat. Quibus tranſactis rectificationibus omnibus, apprimè cauendum, ne materia ſoli ſit expoſita, quòd hic, virorem illius in pallorē vertat, abſorpto ſimul arcano. Calido ſeruetur hypocauſto cōtecta, ne puluere ſordeat. Digeratur poſtmodū vitro clauſo, menſium aliquot ſpatio, ac tantiſper, dum varij colores appareant, ſupremaq; rubedo. Nec dum iſto proceſſu, rubedo ſatis fixa fuerit exiſtimanda, quin ab interioribus, accidétalibuſque terræ ſit inquinamentis, repurganda latius, ad hunc modum. Rectificáda venit aceto, donec terreum inquinamentum prorſus ablatum ſit, feceſq; ſemotæ. Hęc eſt eius tincturæ vera, & optima rectificatio, de qua, benedictum oleum eſt eliciendum. Ab ea vitro concluſa diligentiùs, alembico ſuperpoſito mox, et bituminatis commiſſuris, ne ſpiritus exhalet, eius olei deſtillatione, ſpiritus, igne ſuaui lentoque proliciendus eſt. Oleum hoc, pharmacopolico balſamo quouis, & aromatico delectabilius atq; dulcius, acredine carens omni. Reſidebit in fundo cucurbitæ, terra quædam albiſsima, nitens candenſque

que niuis inftar, hanc ferua tuereque ab omni puluere. Ea ipfa terra, prorfum à fua rubedine feparata eft. Inde fubfequitur maximū
arcanum, vtputa fuper cœlefte matrimoniū
animæ fummè purificatę, & ablutæ per agni
fanguinem, cum fplendente nitido, purifica-
toque fuo corpore. Hoc eft verum matrimo-
nium fupercœlefte, quò vita prolongatur
in diem poftremum, deftinatumq;. Ad hunc
igitur modum, anima fpiritufque vitrioli
(qui fanguis eius exiftunt) cum fuo corpore
copulantur purificato, vt in æternum fint in-
feparabilia. Quapropter, excipe terrā hanc
noftram foliatam, phyala vitrea, cui fenfim
oleum fuum affundatur. Animam fuam corpus, momēto recipiet amplecteturq;. Quandoquidem corpus, animę defiderio plurimū
afficitur, & anima corporis amplexu perfe-
ctifsimè delectatur. Coniunctionē eiufmodi, pofitam in arcanorū furnum, quadragin
ta diebus ibidem contineto. Quibus transfa-
ctis, oleum habebis abfolutifsimū mirandæ
perfectionis, quo mercurius, & reliqua metalla quæuis imperfecta, vertūtur in aurum.
Iam, ad multiplicationem, animum applice
mus. Recipe mercurium corporalē, portione
duarū partium, quē tribus eiufmodi pōderis
partib. olei dicti perfundas, ac maneāt fimul
diebus quadraginta. Hac proportione pōde
ris, & ordine, multiplicatio fit in infinitum.

Capitulum decimumquartum,

De secretis, & arcanis antimonij, ad rubeam tincturam, in transmutationem.

ANtimonium, est verum auri balneum. Philosophi autem, vocarunt illud examinatorem, & Stilangem. Poetæ verò, dicunt in eo lauacro, Vulcanum lauisse Phœbum, & ab omnibus sordibus, imperfectionibusque repurgasse. Natum est ex purissimo nobilissimóque mercurio, & sulphure, sub vitrioli genere, in metallica forma splédoréque. Nonnulli philosophi, vocarunt album plumbum sapientum, vel simpliciter plumbum. Sumito igitur antimonij, eiusq; perquam optimi, quantùm voles, hoc ipsum in aqua forti sua dissolutû, in aquam frigidâ eijciatur, addito tantillo croco Martio, vt in sedimentum ad fundum vasis decidat: aliter enim feces non exuit. Postquâ ad hunc modum solutum erit, summam acquisierit pulchritudinem: ponatur in vitrum, luto compactissimo circumquaque munitum, vel in bociam lapideam, & admisceatur tutiæ calcinatæ, sublimate, ad perfectum gradû ignis: cauendum accuratiùs à liquefactione, quoniam disrumpit vitra nimio calore. Ab vna libra huius antimonij, habetur sublimatio, dierum spatio duorum perfecta. Sublimatû hoc, in phyala positum, vt tertia parte aquâ
attin-

attingat, lutato vaſe, ne ſpiritus euolet,ſuſ-
pendatur ſupra tripodem arcanorum,& vr-
geatur opus igne lento primùm, ſolis caloris inſtar ęſtate media.Tumdemum,decimo
quoque die,ſenſim augeatur. Etenim calore
nimio rumpùtur vitra, nonnunquam & fur-
nus in fruſta diſsilit. Dum vapor aſcendit,
varij colores apparent:moderetur ignis tantiſper dum rubea materia côſpiciatur. Poſt-
modũ aceto ſoluatur acerrimo,fecibus abie-
ctis:abſtrahatur acetum,iterumque ſoluatur
in aqua communi deſtillata,quæ rurſum abſtrahatur, & ſedimentũ igne vehementiſsi-
mo deſtilletur, vitro clauſo accurratiſsimè:
aſcendet corpus totum antimonij, in oleum
rubicundiſsimum, rubini colorem referens,
in vaſq; receptorium guttatim defluet, odo-
ris fragrantiſsimi,dulciſsimiq; ſaporis. Hoc
eſt ſummum arcanum philoſophorum , in
antimonio, quod inter oleorum arcana,plu-
rimi faciunt. Poſtremò tandem,oleum ſolis
fiat, ad hunc modum. Sumito puriſsimi ſolis,quantùm voles, hoc ſolui curabis in ſpiritu vini rectificato. Spiritus abſtrahatur aliquoties,totieſque ſoluatur iterum:poſtrema
ſolutio ſeruetur cum ſpiritu vini , & circule-
tur per menſem.Poſtmodum, deſtilletur aurum volatile, & vini ſpiritus per alembicum
ter quaterúe,vt in recipiens vas defluat.ac in
ſummam ſuam eſſentiam adducatur.Ad me-

diam vnciam iftius auri foluti, addatur vncia
vna olei antimonij. Hoc oleum, illud am-
plectitur, in calore balnei, vt à fe non facilè
dimittat, etiamfi fpiritus vini abftrahatur.
Hac via, habebis fummū naturę myfterium,
& arcanum, cui par, in rerum natura haudquaquam afsignari poteft. Bina hæc olea
modo qui dictus eft, vnita, concludantur in
phyala, & fufpendantur in tripode per men-
fem philofophicum, ignèq; lentifsimo fo-
ueantur. Quamquam, fi temperetur ignis de
bita proportione, triginta & vno diebus, negotium hoc abfoluitur, & in perfectionem
adducitur, qua mercurius & imperfecta
metalla quæuis, auri perfectionem acqui-
runt.

Capitulum decimumquintum.

De proiectione per myfterium, & arca-
num antimonij facienda.

NVllum poteft afsignari iuftum pondus, in hoc opere proiectionis, licet ipfa tinctura, trahatur ab aliquo fubiecto, proportione certa, ac debitis inftrumentis. Etenim, ifta medicina, tingit aliquádo triginta,
quadraginta, nónunquá fexaginta, octuagin
ta, centum, imperfecti metalli partes, vt eius
negotij cardo, potifsimùm circa medicinæ
mundationem, & operantis induftriam vertatur, item iuxta maiorem vnius, quam alte-
rius mun-

rius imperfecti corporis prę manibus aſſum-
ti munditiam & puritatem. Quádoquidem
vna venus, purior altera, quo fit vt determi-
natum pondus, haberi nequeat, in proiectio
ne. Hoc ſolum notatu dignum, vt ſi contingat operatorem, tincturę nimium aſſumſiſſe,
additione poterit imperfecti metalli, hunc
errorem corrigere: ſi verò ſubiecti nimium,
quò tincturæ vires debiliores effectæ ſint, vitium hoc, cineritio facilè, vel cementationi-
bus, aut per crudū antimonium ablutioni-
bus tollitur. Nihil in hac parte, quod operátem remoretur, vel impediat: ſolùm id ſibī
proponat, quod à philoſophis omiſſum eſt,
& ab aliquibus ſtudioſe velatum, ſcilicet in
proiectionibus, reuiuificationé imperfectorum corporū eſſe neceſſariam, id eſt anima-
tionem, vel vt ita loquar, ſpirituationem, de
qua nonnulli dixerunt, metalla ſua non eſſe
vulgaria, quia viuunt, animamq́; habent.

Animatio fit ad hunc modum.

SVmito Veneris, in bracteas tenues ad-
ductæ, quàntum voles, decem, viginti,
quadragintaúe libras, pultibus ex arſenico
& tartaro calcinato ſubactis, incruſtentur, &
ſuo vaſe calcinentur, ſpatio viginti quatuor
horarum. Tumdemùm, in puluerem tuſa
venus abluatur, ac mundetur optimè. Itere-
tur calcinatio cum ablutione, ternis quater-

nisùe repetitionibus. Hac via, mundatur &
purgatur à craſſo virore, & immundo ſuo ſul
phure. Cauendum vtiq;, à calcinationibus
cómuni ſulphure factis: nam quod bonum
eſt in metallo, prorſum deprauat, malumq;
peius efficit. Ad marcas decem iſtius purga-
tæ veneris, addatur vna puræ lunæ. Verùm
vt medicinæ, per proiectionem opus accele-
retur, ac imperfectum corpus faciliùs pene-
tret, cunctáſque partes naturæ lunæ contra-
rias expellat, fermenti perfecti medio id ipſum fieri poterit. Etenim ab immundo ſulphure, coinquinatur opus, vt ad ſuperficiem
tranſmutati, nubes obducatur, vel loppis ſul
phuris permiſceatur metallum, & vnà cum
illis abijciatur. Verum enimuero, ſi proiectio
fieri debeat, rubei lapidis ad rubeam tranſ-
mutationem, ſuper aurũ, primò cadat oportet, poſtmodum ſuper lunam, vel ſuper aliud
metallum repurgatum, vt ſuprà narrauimus.
Inde perfectiſsimum aurum exurgit.

Capitulum decimumſextum.

De Vniuerſali materia lapidis philoſophorum.

POſt mortificationem vegetabilium, có-
currentià duorum mineralium, vt pote,
ſulphuris & ſalis, in mineralem naturã tans-
mutantur, vt inde tandem, perfecta mineralia reſultent. Etenim in terræ cuniculis mineralibus, & latifundijs, vegetabilia repe-
riuntur

riũtur,quæ longo fuccessu temporis,& continuato calore fulphuris, naturam vegetabilem exuerunt,indueruntque mineralem.Id-
que potifsimùm accidit, vbi huiuscemodi
vegetabilibus,proprium adimitur nutrimé-
tum vt coacta fint poftmodum, à fulphuri-
bus,& falibus terræ,fuum alimentum fumere tantifper,dum in menerale perfectum, q̃
antea vegetabile fuerat,abit, Et ex minerali
conditione hac, metallica quædam essentia
perfecta, nonnunquã oritur,idq; progrefsu
vnius gradus,in alterum. Sed redeamus ad
lapidem philofophorum,cuius(vt meminerunt aliqui)materia præ cunctis eft inuentu
difficilima,& abftrufior intellectu.Huius,vt
aliarum quarumcumq;,modus inueftigatio-
nis, & norma certifsima, quid contineant,
valeantq;,radicis eft earũ, & fpermatis exa-
minatio fedula,qua peruenitur ad cognitionem : ad hanc facit plurimùm, confideratio
principiorum,valde necessaria,tum qua via,
quouè medio,natura primũ ex imperfectione,ad perfectionis finem deuenerit. Cui có-
fiderationj,conducit inprimis habere compertifsimum, creata quæuis à natura, tribus
conftare primis, Mercurio fcilicet,Sulphu-
re,& fale naturalibus,in vnum permiftis, vt
in nonnullis volatilia fint,in alijs verò fixa.
Quoties corporale fal, cum fpirituali mercurio, & animato fulphure permifcetur in

corpus vnum, tum demum incipit operari
natura, locis, quæ loco vasorum suorum habet, subterraneis, per separantem igné, quo
sulphur crassum, & impurū, separetur à puro, & à sale, terra segregetur, nec non à mercurio, nubes, seruatis purioribus partibus
istis, quas natura decoquit iterum simul, in
constans corpus geogamicum. Quæ quidé
operatio, habetur à Magis, vt mixtio cóiun-
ctióq; per vnionem trium, vt puta corporis,
animæ, & spiritus. Adimpleta hac vnione,
resultat inde purus mercurius, qui si p̄ meatus subterraneos defluat, eiusq; venas, & ob-
uiam factus cahoico sulphuri, hoc ipso coa-
gulatur mercurius, pro conditione sulphuris. Est tamen adhunc volatilis, & vix centū
annis, decoquatur in metallū. Inde sumpsit
originem, vulgatum hoc nempe, mercurius
& sulphur, materiam esse metallorum, vt e-
tiam ex relatu fossorum mineralium constat. Non tamen vulgaris mercurius, neque
sulphur commune, metalloru sunt materia,
sed mercurius, & sulphur philosophorum,
incorporata sunt, ac innata, metallis perfectis, eorumq; formis, vt nunquam ab igne
fugiant, nec vi corruptionis elementorum,
deprauentur. Vtique per eiusmodi naturalis
mixtionis dissolutionem, mercurius noster
domitus est, vt loquūtur omnes philosophi.
Sub hac verborum forma, noster mercurius,

ex

ex perfectis corporibus,viribùsq; terrenorū
planetarum, venit eliciendus. Quod Hermes afferit,his verbis. Sol (inquit) & Luna
funt radices huius artis. Filius Hamuel ait,
philofophorum lapidem,aquam effe coagu-
latam,fcilicet in fole & luna. Vnde fole clariùs patet,materiam lapidis,nihil aliud effe,
praeter folem & lunam. Idipfum etiam eo
confirmatur,quòd fimile quodq;, fibi fimile
parit, generatq;. Et non aliter,quàm duos
effe fcimus lapides, album & rubeum, duæ
funt etiam lapidis materiæ,fol & luna fimul
copulata,proprio matrimonio,cùm naturali,tum artificiato.Et ficuti videmus virum &
mulierem, absque femine vtriusque,mini-
mè generare póffe, pariformiter vir nofter
fol, fœmináque fua luna, fine femine fper-
matèque vtrumque fuo,concipere non poffunt,neque ad generationem aliquid moliri.
Collegerunt inde philofophi , tertium effe
neceffarium,videlicet animatum femen amborum,hominis & fœminæ,fine quo,totum
opus eorum,irritum effe iudicarunt, & ina-
ne. Huiusmodi fperma, mercurius eft, qui
per naturalem coniunctionem amborum
corporum,folis & lunæ,recipit eorum in fe
naturam,in vnione:tum demum, nec priùs,
aptum eft opus, ad congreffum, ingreffum,
& generationem,per vim,& virtutē virilem,
ac fœmineam. Hinc moti philofophi,dixe-
runt

runt mercurium iftum componi, corpore,
fpiritu, & anima, eúmque naturam eleme-
torum omnium,& proprietatem affumfiffe.
Quapropter,ingenio & intellectu validifsimis,afferuerunt lapidem fuum effe animalé,
quem etiam vocarunt Adamum fuum, qui
fuam inuifibilem Euam, occultam in fuo
corpore geftaret,ab eo momento,quo virtute fummi Dei, creaturarū omnium opificis,
vniti funt. Ea de caufa, meritò dici poteft,
mercurium philofophorum,nihil aliud effe,
quàm compofitus eorū abftrufifsimus mercurius,& non vulgaris ille. Sapienter igitur
dixere fapientibus,eft in mercurio quicquid
quærunt fapiétes.Almadir philofophus ait,
Nos extrahimus noftrum mercuriū, ex vno
corpore perfecto, duabúfque perfectis con-
ditionibus naturalibus, fimul incorporatis:
quiquidem,perfectionem fuam extrinfecus
protrudit, qua refiftere valeat igni, & vt in-
trinfeca eius imperfectio,ab extrinfecis per-
fectionibus defendatur. Per hunc philofophi locum acutifsimi,materia lapidis intel-
ligitur adamica, limbus microcofmi, materiaq; homogenea vnica philofophorū omnium,quorum etiam dicta, de quibus antea
mentionem fecimus,meré funt aurea, pluri-
mæq; femper exiftimationis habéda,quód
nihil in fe habeant fuperflui, nihil inualidi.
Summatim ergo, lapidis philofophorum
　　　　　　　　　　　　　　　　materia,

materia,nihil aliud eft, quàm igneus perfe-
ctusq;   ercurius p naturâ & arté extractus,
ideft, artificialiter præparatus,& verus her-
maphroditus Adá,atque Microcofmus.Hoc
ipfum philofophorum fapientifsimus Ille
Mercurius,afferens,lapidem vocauit orpha-
num. Nofter itaque mercurius, is ipfus eft,
qui folis perfectiónes,vires,atque virtutes in
fe continet,quíque per vicos,ac domos planetarum omnium tranfcurrit,& in fua rege-
neratione,acquifiuit vim fuperiorum,& inferiorum,quorum etiam matrimonio, com-
parandus,vt patet à candore,et rubore fimul
in eo conglomeratis.

Capitulum decimumfeptimum.

De præparatione materiæ lapidis philofophici.

ID potifsimùm requirit natura, videlicet,
philofophicum virum fuum,in mercuria-
lem fubftantiam adduci, vt in philofophicū
lapidem enafcatur. Porro notandum,com-
munes illas præparationes Geberi,Alberti
Magni,Thomæ aquinatis, Rupeciffæ,Poly-
dori,fimiliùmque,nihil aliud effe, quàm par
ticulares quafdam folutiones, fublimatio-
nes,calcinationes, & ad noftrum vniuerfale
minimè pertinentes,quod folummodo fe-
cretifsimo philofophorū indiget igne. Ignis
igitur,& azoth tibi fufficiant. Philofophos
aliquarum præparationum facere mentionem,

nem, vti putrefactionis, deſtillationis, ſubli-
mationis, calcinationis, coagulationis, deal
bationis, rubificationis, cerationis, fixatio-
nis, &c. idipſum intelligas oportet, in eorum vniuerſali, naturam ipſam quaſuis operationes adimplere, in dicta materia, & non
opetarium, in vaſe philoſophico dumtaxat,
& igne ſimili, non communi. Album & rubeum, ex vna radice profiliunt, abſq; medio
quouis. Soluitur per ſeipſum, & copulatur
per ſe, albeſit & rubeſit, croceum & nigrum
efficitur per ſeipſum, ſeſe deſponſat, & in ſeipſo concipit. Decoquédus igitur, aſſandus,
fundendus, aſcendit & deſcendit. Quæ quidem omnes operationes, vña ſunt operatio
igne ſolo facta. Nonnulli tamé philoſophi,
per ſummé graduatam eſſentiam vini, corpus ſolis diſſoluerunt, volatileque reddide-
runt, vt per alembicum aſcenderet, putátes,
veram eſſe materiam volatilem philoſophorum, cùm non ſit. Et ſi non contemnendum
ſit arcanum, perfectum hoc corpus metallicum, in volatilem & ſpiritualem ſubſtátiam
adducere, tamen errant in elementorum ſe-
paratione: qui proceſſus monachorum ſcilicet Lullij, Richardi Angli, Rupeciſſę, & alio
rum, eſt erroneus. Quo quidem opinaban-
tur, aurum hac via in ſubtilem, ſpiritualem,
& elementalem potentiam ſeparare, quamlibet ſeparatim, poſtmodum, per circulatio-
nem,

nem, & rectificationem rursus in vnum co-
pulare, sed frustra. Siquidem, etsi vnum elementum, ab alio quodammodo separetur,
nihilominus quodlibet elemétum, ad hunc
modum separatum, in aliud elementum iterum separari potest, quę partes postmodum,
pellicanica circulatione, vel destillatione,
rursum in vnum redire minimè possunt, at
semper manent volatilis materia quædam,
& aurum potabile, vt ipsi vocant. Causa, cur
ad suam intentionem peruenire non potuerunt, hæc est, quia natura, hac ratione minime distrahi, nec separari vult, humanis dis-
siunctionibus, vti per terrena, vitra & instrumenta. Sola ipsamet nouit suas operationes, & elementorum pondera; quorum se-
parationes, rectificationes, & copulationes,
exequitur, absque adminiculo cuiusuis operantis, aut manualis artificij, dummodo con
tineatur in igne secreto materia, & in occulto suo vase. Per hominem igitur, impossibi-
lis est elementorum separatio, quæ licet appareat, non est vera tamen, quicquid de Ray
mundo Lullio dicatur, & anglico suo nobili
aureo, quod fabricasse falsò putatur. Habet
enim ipsa natura, in seipsa proprium, separa-
torem, qui, quod separat, iterum coniungit,
absque hominis auxilio, nouitque omnium
optimè, vniuscuiusque proportionem elementi, & non homo, quicquid scribentes er-
ronei,

ronei, suis friuolis falsisq; receptis, de volatili hoc auro suo fabulentur. Hæc est opinio
philosophorum, vt quum suam materiam in
ignem secretiorem posuerint, calore suo phi
losophico moderato, circumquaq; fouetur,
vt incipiens per corruptionem transire, ni-
grescat: hanc operationem, putrefactionem
esse dicunt, & nigredinem, caput corui no-
minant: materiæ huius ascensum atque descensum, destillationem, ascensionem & de-
scensionem proferunt: exiccationem dicunt
esse coagulationem: & dealbationem, calci-
nationem. Et quia calore fluida fit ac mollis,
cerationis mentionem faciunt. Quum ascé-
dere definit, & liquida manet in fundo, fixationem adesse dicunt. Ad hunc modum igitur, operationum philosophicarum appel-
lationes intelligendæ sunt, & non aliter.

Capitulum decimumoctauum.

De instrumentis & vase philosophico.

PVtaticij philosophi, perperam intelle-
xerunt occultum, & secretū vas philo-
sophicū, & peiùs id quod Aristoteles alchimista (non ille philosophus academicus
Gręcus) loquitur, inquiens, materiam in triplici vase decoquendam: item pessimē, q, ab
alio dicitur, scz materiam, in prima sui sepa-
ratione, primoque gradu, vas metallicum re-
quirere, in secūdo gradu coagulationis, atq;
dealba-

dealbationis suæ terræ,vas vitreu, & in tera
tio gradu ad fixationem, vas terreu. Nihilominus per hoc intelligūt philosophi, solùm
vnum vas in omnibus operationibus, vsque
ad perfectionem rubei lapidis. Cum igitur
materia nostra, sit radix nostra, ad album &
rubeum, necessariò, vas nostrū, ad hunc modum esse debet, vt in eo materia, regi valeat
à cœlestibus corporibus. Influentiæ nanque
cœlestes inuisibiles, & astrorum impressio-
nes, apprime necessariæ sunt ad ópus:aliter
impossibile fuerit, Orientalem, Persicum,
Chaldaicum, & Ægyptiacum lapidem insu-
perabilem, adimpleri : per quem Anaxagoras, totius firmaméti vires cognouit, ac præ-
sagiuit magnum lapidem è cœlo descensurū
in terras, quod etiam post mortem eius accidit. Cabalistis vtique vas nostrū potissimùm
innotescit, quod iuxta verè geometricā proportionem atq; mensurā, & ex certa circuli
quadratura, fabricari debet, vt spiritus & a-
nima nostræ materiæ, separata à suo corpore, hoc, pro cœli altitudine secum eleuare valeant. Si vas, præter æquum, strictius, amplius, altius, demissiusue fuerit, quàm do-
minantes, & operantes spiritus, animaque
desiderant, calor ignis philosophici nostri
secreti (quiquidem acutissimus est) materiā
violentius excitatem, ad operationam vrge-
bit nimiam, vt vas in mille partes dissiliat,

D

non fine periculo corporis & vitæ operantis. Contra fi capacius, quàm vt calor iuxta
proportionem operari valeat in materiam,
irritum etiam erit opus & fruftraneū. Quapropter, fumma diligentia, vas noftrum philofophicum eft fabricandum. Quę verò materia fit, huiufmodi noftri vafis, intelligunt
illi foli, qui in prima folutione noftræ materiæ fixæ, & perfectæ, hanc, in fuam primam
effentiam adduxerunt, de quo fatis. Operator etiam accuratifsimè notet, quidnam in
prima folutione, materia dimittat, à feque
reijciat. Vafis formam defcribendi ratio, dif-
ficilis: talis effe debet, vt natura ipfa requirit,
ex vno & alio petenda, & inueftiganda, vt ex
altitudine cœli philofophici, à terra philofo-
phica eleuati, queat in fructum fui terreni
corporis operari. Hanc formam vtique habere debet, vt feparatio, & purificatio elementorum, quando ignis vnum ab alio pellit, fieri pofit, vtque quodlibet, fuum locum
in quo hæret, occupare valeat, & fol, ac alij
planetæ circumcirca terram elementalem,
fuas operationes exerceant, & curfus eorū,
in circuitu non impediatur, aut velociori
motu agitetur: iuxta hæc omnia quæ dicta
funt, iuftam proportionem habeat oportet,
rotunditatis, & altitudinis. Inftrumenta verò, ad primam mundificationem corporum
mineralium, vafa fuforia, folles, tenaculæ,
capel-

capellæ, cupellæq;, teſtæ, cementatoria va-
ſa, cineritia, cucurbitæ bociæ ad aquas for-
tes regiaſq;, tum quæq; ad proiectionem in
opere poſtremo, neceſſaria ſunt.

Capitulum decimumnonum.

De ſecreto philoſophorum igne.

CElebris philoſophorum hæc eſt ſen-
tétia. Ignis, & Azoc tibi ſufficiant: ſolus enim ignis, totū opus eſt, & ars integra.
Porro quotquot ignem ſuum carbonibus ex
truunt, errant, vas in eo calore continentes.
Igne ſimi equini, fruſtra nonnulli tentarunt.
Carbonum igne, ſine medio, materiam ſubli-
marunt, ſed non diſſoluerunt. Alij calorem
ſuis lampadibus excitarunt, aſſerentes, eum
eſſe philoſophorum ignem ſecretum, ad ſuū
lapidem fabricandum. Nonnulli, poſuerunt
in balneum, primò in ouorum formicarum
aceruis: alij in cineribus iuniperinis: aliquī
ignem in calce viua quæſiuerunt, in tartaro,
vitriolo, nitro, &c. Alij in aqua ardente,
vti Thomas de Aquino, falſò de hoc igne loquitur, inquiens, Deum & angelos ſuos ca-
tere nō poſſe hoc igne, ſed eo indies vti. Quæ
blaſpemia hæc eſt? an non manifeſtiſsimum
eſt mendacium, Deum carere non poſſe ele-
mentali igne aquę ardentis? Calores omnes,
ijs medijs quę dicta ſunt, excitati per ignem,
ad opus noſtrum prorſus inutiles. Vide ne

seducaris ab Arnaldo de Villa noua, qui de
carbonum igne scripsit:ipse namq;, hoc ipso
te decipiet. Almadir ait, solos radios inuisibiles ignis nostri sufficere. In exemplum ad-
ducit aljus, calorem cœlestem, suis reflexio-
nibus ad coagulationem, & perfectionem
facere mercurij, necnon ad metallicam generationem, continuato suo motu. Iterum
idem, fac ignem vaporosum, digerentem, vt
coquentem, continuum, non tamen volan-
tem, aut bullientem, clausum, aere circunda-
tum, non comburentem, sed alterantem &
penetrantem : iam vere dixi, omnem ignis,
& excitandi caloris modum, si verus es philosophus, bene intelliges:hæc ille. Salmana-
zar inquit. Ignis noster, corrosiuus est ignis,
qui supra nostrum vas, aerem vt nubem ob-
ducit, in qua nube, radij huius ignis occulti
sunt:hoc rore cahos, & humiditate nubis, de
ficientibus, error commissus est. Rursum
Almadir ait, nisi ignis, solem nostrum humore suo calefecerit, per fimum montis, ascensu temperato, non erimus participes albi neque rubei lapidis. Hæc omnia demon-
strant aperte nobis, occultum ignem sapientum. Summatim, hæc est materia nostri i-
gnis, videlicet, vt accendatur, per quietum
spiritum sensibilis ignis, qui sursum pellit,
velut calefactum cahos, ex opposito, ac supra materiam nostram philosophicam, qui
calor

calor fupra vas noftrum glifcens, ad motum
perfectæ generationis, conftanter intermif-
fione fine, temperatè quidé vrgeat. hæc ego.

Capitulum uigefimum.

De fermento philofophorum, & pondere.

PLurimùm in arte fermentorum, & fer-
mentationum laborarunt philofophi,
quæ potifsima videtur inter alias, de qua e-
tiam nonnulli, Deo votum, & philofophis
exhibuerunt, fe nunquam eius rei manifeftú
arcanum, fimilitudinibus, neque parabolis
prodituros. Cùm tamen philofophorũ omnium pater Hermes, libro feptém fuorum
tractatuum, fermenta luculentifsimè pate-
faciat, inquiens, non nifi expafta fua conftare: ac latius, fermentũ dealbare confectio-
nem, & aduftionem impedire, fluxumque
tincturæ prorfus retardare, corpora confola-
ri, & vnionem ampliare. Dicit etiam, hanc
effe clauem, atque finem operis, concludens
fermentum, aliud nihil exiftere, nifi paftam,
vt folis, nil nifi folé, & lunę, nihil aliud quàm
lunam. Alij, affirmant fermentum animam
effe, quæ nifi ritè preparata fit ex magifterio,
nihil etiam efficere. Artis huius nonnulli
zelotes, quęrunt artem in fulphure cómuni,
arfenico, tutia, auripigmento, vitriolo, &c. at
fruftrà. Quoniam, eft eadem fubftantia, quæ
quæritur, cum ea ex qua depromi debet. No-

tandum igitur, eiufmodi fermentationes, ex
voto zelotum, non ita fuccedere, atque vel-
lent, fed vti fuprà patet ex dictis, fuccefsibus
tantùm naturalibus. Vt ad pondus tandem
veniamus, dupliciter hoc obferuandū, prius
eſt naturale, alterum verò artificiale. Naturale confequitur effectum in terra, per naturam, & concordantiam, de qua Arnaldus. Si
terræ plus aut minus additum fuerit, quàm
natura patiatur, fuffocatur anima, nulluſque
fructus percipitur, nullaque fixatio Idipfum
de aqua cenfendum, fi plus iftius aut minus
accipiatur, non inconuenientius dampnum
attulerit: cuius fuperfluitas, materiam vltra
modum humidam reddit, eiuſque defectus,
eam iufto ficciorem efficit, ac duriorem. Si
plus aeris adfuerit, tincturæ nimium impri-
mitur, fi parum, pallidum corpus euadet. I-
tidem fi vehementior ignis exiftat, aduritur
materia, fi remiſsior, poteftatem exiccandi
non habet, neq; foluendi, aut alia elementa
calefaciendi: in his pondus elementale confiftit. Verùm artificiale, eft occultiſsimum,
cùm in arte magica ponderationum fit con-
clufum. Inter fpiritum, animam & corpus,
aiunt philofophi pondus conftare fulphure,
tamquam operis rectore, etenim anima, fulphur apprimè defiderat, neceffarioq; obferuat, ratione ponderis: ad hunc modum in-
teligito. Materia noftra, eft vnita rubeo fulphuri

phuri fixo, cui tertia pars regiminis commiſ-
ſaeſt, vſq; in vltimum gradum, vt perficiat in
infinitum operationem lapidis, & cum eo
perſiſtat, vnà cum igne ſuo, & pondere con-
ſtet æquali, cum ipſa materia, in omnibus &
per omnia, ſine variatione alicuius gradus
permutationis. Poſtquam igitur materia a-
daptata eſt, & proportionato ſuo pondere
mixta, vaſe philoſophorũ optimè ſigilloq;
ſuo concludenda, & igni ſecreto cómittren-
da, in quo ſol philoſophicus orietur, ac ſur-
get, necnon illuminabit omnia, quæ ſuum
lumen expectarunt, ſpeq; plurima deſidera-
runt. His paucis, concluſum eſſe volumus
lapidis arcanum, nullo puncto mancum, neque defectuoſum, pro quo Deo gratias agi-
mus immorrales. Iam vobis Theſaurum noſtrum reſerabimus, totius mundi non per-
ſoluendum opibus.

D 4

Finis.

Thesaurus Thesaurorum THEO-PHRASTI PARACELSI.

Atura mineralium genus vnum, in terræ visceribus produxit admirandum, idque duplex: hoc varijs Europæ locis reperitur. Optimũ, quod mihi præ manibus oblatum fuit & experimento comprobatum, ex figura maioris mundi, ab exordio, spheræ solis est astrũ: alterum, in astro meridionali consistit, in prima sua florescentia, viscus est terrę, per suum astrum in lucem productum, & in prima suą coagulatione ornatum rubedine, in eo flores omnes mineralium & colores includuntur, de quibus multa penes philosophos. Quod ad frigidam humidamq́; naturam attinet, ad aquam, comparatione quadam, fuit adaptatum. Verùm eius notitia perfecta, ad experientiam collata, plurimos, imò ferè omnes philosophos, quotquot ante me sagittas suas ad metam emiserũt hactenus, adhuc latuit, frustraque conantes, latissimè declinarunt à scopo vero, & completo. Opinati sunt mercurium, & sulphur, matrem, & patrem esse metallorum omnium, verùm enimuero tertij non meminerunt. Imò quod potius est, horum nullus, rete piscatorium adhuc in manus asumpsisse potuit, quod aquæ veræ conuenit, matri metallorum, quę
quidem,

quidem, artificio fpagirico feparata, fuos pi-
fces palam facit, quos neq; Galenica pifca-
tio, nec Auicennæ rete lacerum, apprehen-
dere potuerunt vnquam. Si modernis phy-
ficis demonftrare deberem, vel folum nomē
coniunctionis, folutionis, & coagulationis,
quas ipfa natura, in principio mundi, hoc in
fuo creato patefecit, & demonftrauit, annus
vix fufficeret, aut papyrus omnis quátacum-
que, ad eos erudiendum. Dico quidem, hoc
in minerali, tres haberi fubftantias, vtpote
Mercurium, Sulphur, & mineralem aquam,
ex quibus compofitum eft, & arte fpagirica
feparatum, foluitur in proprio fuo liquore
nondum maturo, & vti pyrum in fua arbore
occultum eft. Occultator pyri eft arbor, in
quam, vt aftra, naturaque fimul conueniunt,
virides ramos edit, Martioq; poftmodum a-
tomos, & flores patefacit, vfq; in fructus py-
riq; productionem, faciunt progreffum, au-
tumno tandem fructus emergunt. Non ab-
fimili modo, cenfendum eft de mineralibus,
in vifceribus terræ, quæ per aftra protrudun-
tur: quodquidem alchimiftæ fummè confiderandum venit, ad naturæ thefaurum an-
helanti. Cuius artificij modum, ab initio,
medio, & fine, tractatu fequenti, vnà cum a-
qua, fulphure, balfamoque fuis, aperiam.
Quorum trium folutione, & rurfus in vnum
coniunctione, totum rei negotium abfolui-

　　　　　D　5

tur, ad hunc modum. Sumito mineram cin-
nabaris, quam abluas aqua cœlesti, per tres
horas, tandem cola, & solue aqua regis, ex vi
triolo, salepetræ, & sale communi facta. Per
alembicum abstrahatur, reaffundatur, & co-
hobando curetur, vt purum separetur ab impuro, quod infrà. Putrefiat equino fimo per
mensem, & postmodum separentur elementa, vt quum signa sua patefecerint, per alembicum destillentur igne primi gradus, quo
aqua & aer ascendunt primò, tandem ignis,
idq; reliquis gradibus, quæ ab experto ope-
ratore discerni poterunt, In fundo vasis terra manet in qua latet id omne, quod à multis quæ situm fuit, à paucissimis tamen in-
uentum. Terram hanc reuerberatorio con-
clusam, artificialiter calcinabis, à primo in
quintum gradum procedendo, gradu quoli-
bet, spatio quinque horarum: hoc fiet, vt sal
volatile habeas, admodum subtile sicut al-
cool, & constans astrum ignis & terræ, quod
separabis per elementa aquæ & aeris, quæ
seruasti prius. Tandem, ponas in digestionem balnei maris, per octo horas, & videbis,
quod à multis alchimistis incognitum hactenus fuit, & minimè consideratum. Separa, iuxta tuam experientiam, artificiose, &
spagirico modo, reddetur ipsa terra, mirum
in modum alba, ex qua, tinctura fuerit extra-
cta. Coniunge elementum ignis, cum sale

terræ

terræ alcolizato, per digeſtionem, & pellica-
nicum artificium, adhuc aliud ſedimentum
ponet iſta ſubſtantia, quodquidem, à puro
ſeparabis. Tandem accipe pellicanatum leo
nem, qui ab initio inuentus eſt. Quum vi-
deris tincturam eius, & elementum ignis ſuper aquam, aerem, atq; terram, ſepara per tri-
torium, & ſolem eiuſmodi cola, per inclina-
tionem, eſt enim aurum potabile. Alcoole
dulci vini perfundatur, & abſtrahatur, vſque
dum acuitas nulla percipiatur amplius, aquæ
regis. Separato hoc oleum ſolis, & ponito
in retortum, ſigillo hermetico clauſum, ad
eleuationem, id eſt, ad exaltationem, vt in
gradu ſuo dupletur. Recipe vitrum hoc oc-
cluſum, & in locum frigidum ponito: nó ſol-
uetur ibidem, ſed coagulabitur, idque tertió
repetendum eſt, ſoluendo & coagulando.
Hoc artificio, tinctura ſolis perficitur, in ſuo
gradu. Tumdemum, ſumito huius duplum,
veneris ad ſummum, & ſpagirico modo præ-
paratæ, ad quam elementa aquæ, & aeris af-
fundas, quæ ſeruaras, ſoluito, ac putrefacito
per menſem, vt prius. Et quum ad perfectionem deuenerit, videbis ſignum elementorũ.
Separa vnum ab altero, ſiquidem oculariter
apparet, ab albo, rubeum ſecretum. Hoc ab
albo ſeparabis, eſt enim tinctura rubea, tam
potens, vt alba corpora quæque, in rubedinem tingat, vel rubea, in albedinem, quod
valde

valde mirum eft. Tincturam hanc, per retortum vrgeto: videbis nigredinem affurge-
re, quàm iterum vrgebis per retortum, idque
fæpius, donec albefcat. Profequere hoc tuũ
opus, nec animum defpondeas, præ nimio
labore. Toties rectificato, quoufq; viridem
leonem, verum & clarum videas, pondero-
fum, & grauem, qui tingit in aurum perfectum. Non defiftas ab opere, cuius nunc me-
minimus, donec figna habeas, & videas leonem atque thefaurum, Leonis decimi the-
fauro non perfolubilem. Bene fit illi, qui
reppererit, & ad tincturam applicare noue-
rit. Hoc eft balfamum verũ, aftrorum cœleftium, quod nullum corpus, in putrefactionẽ
abire finit, lepramq; nullá, podagrá, aut hy-
dropifim inexpulfas relinqt, adminiftratio-
ne grani vnius, fi fermentabitur cũ fulphure
folis. O'tu Carole Germane, vbi tuũ thefau-
rũ habes, vbi tuos doctores, atq; phyficos, v-
bi ligni guaiaci coctores, qui dũtaxat purgãt,
& laxant? Siccine cœlum tuum irritatũ eft, &
aftra tua deuiarunt à recto curfu, lineaq; tua
paluftris, in aliam viam declinauit? Quid, o-
culi tui in vitrum, & carbunculum tranfmu-
tati funt, vt folùm videant ea quæ ad ornatũ
& fuperficiale fpectaculum pertinent, faftũ
& fuperbiam? Sanè fi tui Doctores, Princi-
pem fuum (quẽ Galenum vocant) apud In-
feros degere fcirent, indéque huc refcripfif-

se, quo

se, quo meritam sui condemnationem toti
mundo palam faceret, vulpina cauda præ
stupore sese insignirent. Non minus de Aui-
cenna censendum, in Inferni porticu seden-
te, quo cum, disputationem & contreuersiā
habui, quod ad aurum suum potabile, necnó
ad lapidem suum philosophicum, suamque
teriacam attinet. O vos laruæ sophistarum,
qui medicam arrem ementimini, cum tamé
ex Deo nata naturæ sit commissa, non vobis
indignissimis hominibus, à quibus immeritò spernitur. Videte vos hominum imposto-
res, qui cathedras in terra superiores amatis,
super quas etiam sedetis, post obitum meū,
exurgent mei discipuli, qui vos Hypocritas
palam facient, ac in lucem prodent, vnà cum
vestris coquis immundissimis, qui vestros
Principes & Potentatus Christianos, miserè
seducitis, & in morté adducitis, vestra medicina. Væ vobis in extremo die Iudicij. Spe-
ro meam Monarchiam, honore mihi debito
triumphaturam. Non quod meipsum extol-
lam, sed ipsa natura me. Ex ea siquidem na-
tus sum ego medicus, ipsam sequor, ipsa me
nouit, & ego ipsam noui, quia lumen, quod
in ipsa est, vidi, in figura Microcosmi com-
probaui, ac in suo mundo ita esse reperi,
quod verum est. Vt tamen ad inceptum re-
deam, meisque discipulis faciam satis, quibus etiam, doctrinam meam impertiens optimè

timè faueo, dummodo eam quærant in luce
naturæ, & experiantur, astrorum cognitioné
habeant, ac in philosophia docti sint : omnia
docebit eos, ac patefaciet, aquæ natura, &
omne quod scripsi.

Sumito igitur, liquoris mineralium quan-
tū voles, salis rubeæ terræ, partes duas, sulphuris solis, partem vnam. In pellicano po-
sita soluantur, & coagulentur, idque tertiò.
Hac via tincturam habebis alchimistarum,
cuius pondus, hoc loco minimè describen-
dum, sed libro de transmutationibus. Quicumque solis astri, vnciam vnam habuerit,
& super aliquot vncias auri proiecerit, proprium suum corpus tinget. Astrum mercuri
si habuerit, totum corpus mercurij vulgi similiter tinget. Si veneris astrum, non absimi-
li modo, veneris corpus integrum, in opti-
mum aurum tinget, inque summam, & con-
stantem perfectionem: sic de reliquis metallorum astris iudicandum, vt Saturni, Iouis,
Martis, &c. Ex quibus etiam, eadem ratione,
tincturæ trahuntur, hoc loco minimè descri-
bendæ, quòd libro de natura rerū, & archi-
doxorum habeantur, His paucis, primū ens
metallorum, & mineralium terræ, satis abū-
dè, veris alchimistis, vnà cum tinctura alchimistarum, declaratum volo. Nec est, quòd
quispiam operantū deterreatur, spatio temporis mensium nouem, verùm, progrediatur
absque

abfque redio, fpagirico ductu, quo, quadraginta diebus alchimifticis, figere poterit, ex-
trahere, exaltare, putrificare, fermentare, &
coagulare lapidem alchimiftarum, ad honorem Dei, & vtilitatem proximi. Soli
Deo laus, honor & gloria
in æternum.

FINIS.

MONARCHIA

TRIADIS, IN
VNITATE, SOLI
DEO SACRA.

Autore Gerardo Dorn,

Doctore, Physico, interprete Ger-
manico à translationibus, Illustrissimo
Principi, Francisco Valesio, Duci Ande-
gauorum, Biturigum, Alen-
conio, Turonensi, &c.

Ibenter ac ſæpiùs abſtinuiſſem, à
propalatione ſacrorū Dei myſterio-
rum. Verum aliud quid facere licet,
ac decet, quàm quò Fata trahunt,
obtemperantiſsimè ſequi? Fateor ingenuè, hoc loco me nihil præterquam ſub diuino dictante ſpiritu, ſcriptorem, & monitorum eius exaratorem
agere; velut è profundiſsimo ſomno extitatum.
Quid miſer homo de ſe promere, præter meram
ignorantiam poteſt, aut quid habet quo glorietur
potiùs, quàm à Deo gratiam aſſecutum, ſeruitio
dignatum eius, & obſequia, cui ſoli gloria conuenit? Faxit igitur qui poteſt, velleq́, ſolus habet vt
tam fœlici ductu, comitibuſq́, fidis, inchoatum
hoc iter eo fine perficiam, ad quem ipſe nutu ſuo
dirigere voluit. Minimè dubitandum, quin ad
vindicias veritatis ab ijs oppreſſæ, qui falſò hactenus eam ſibi totam vendicarunt: & in liberatio-
nem eorū qui his ducibus ita cœcutiuerunt, vt car
neis oculis apertſſimis, mente quidem nihil viden-
te, nunc vtrobiq́, lucem videant eius, qui lux eſt,
& lucem inacceſſibilem inhabitat: Cui ſoli honor,
laus & gloria perennis.

PROLOGVS.

Summa Bonitas æterne Deus, fieri haudquaquam poteſt, vt humanus intellectus, abſq; maxima ſuæ mentis conſternatione, vel minimum punctum inexhauſtæ Tuæ Sapientiæ conſiderare, taceo quidem vt exprimere ticubante lingua, vel tremente calamo ſcribere valeat: ni iuſſu Tui Sacratiſsimi Spiritus, in cordibus hominum idipſum imprimentis, fiat, quos etiam admonere tacite, & indies exhortari no ceſſat, ad Veritatis confeſſionem in omnibus. Quandoquidem attentari vel exequi, à quopiam in terris viuentium, ſi debeat, lumine diuini tui ſplendoris, illuſtretur inprimis neceſſum eſt, vt ignorantiæ ſuæ tenebras agnoſcat, ingenueque fateatur, ab eis nulla ratione liberari poſſe, quàm tua potenti manu. Et ſi forte, ſuaſu Calumniatoris à ſeipſo petat auxilium, in profundiorem captiuitatis lacum ſe mergi comperiet, quòd per ſe nunquam aliud medium liberationis inueniet, quàm laqueum quo ſeipſum irretiuit ab initio, recedes ab obedientia, quam tibi Creatori ſuo debuit. Huius indies euidentiſsima, nobis ob oculos proponuntur exempla, per ea quæ hactenus infidelium, Æthnicorum, & Paganorum ſcripta produnt ex mundana Sapientia : præſertim circa tractationem facultatum artium &

E 2

ſcientiarum omnium, in quibus, nil niſi vias
à Veri ſcopo declinantes, quærunt ac docét.
Idipſum, non aliunde quidem ortum habet,
quàm ex ſuis principijs, & fundamentis, quę
non hauſerunt, vt oportuit, ex vero fonte Ve
ritatis, centro ſcientiarum omnium, ſed ex
oppoſito, falſoq; mendaciorum centro, Dua
litate videlicet. Et quod peſsimum eſt, hos
ſuos errores pertinaciſsimè defendere mu-
nireq; ſtuduerunt, contra quoſcumque pios
bonoſque viros, qui deuios ad Veri centrum
ex Deo reducere conantur. Quibus, vt relu-
ctentur atrociter, Valla fabricarunt, atq; pro-
pugnacula, quò melius falſitatem peſsimè
fundatorum principiorū contegát, ac tuean-
tur. Vt illud eſt omnium primum, & poten-
tiſsimum erroris ſui munitentum, vtputa.
Contra negantem principia (inquiunt) non
eſt diſputandum. Quid mirum? ad eum fra-
brefacta modum, vt ſi ſemel concedantur, in
errorem & confuſioné incidere ſit neceſſum
eum, qui aſſenſerit. Hac via ſolent malè cau-
tos homines irretire, captioſeq; fallere tene-
brarum filij, qui ſemper in ſua natione, filijs
lucis prudentiores extiterunt: etenim à pa-
rente ſuo, ſerpente nimirum didicerunt, quā
habent ſapientiam. Verùm vbi ab his qui
veritatem ſectantur, ac ſapientiam à centro
veri tenent, ſuperati, mox ad calumnias con-
fugiunt, appellantes eos, qui ſuos errores pa
lam

Iam faciunt, afinos. O hominum infania,
qui non vident,quocumq; fe vertant, in maximam ignominiam impingere. Vtinam a-
fini códitionibus ornaremur, quo monftrorum inter equos & afinos, mulorum, & mu-
larum calumnias ferre poffemus, cum patié-
tia. Hinc fit, vt fuos baiulatores præferant
fuis parentibus. Quandoquidem natura có-
paratum, vt magnetica virtute, fimile femper trahatur à fibi fimili. Haud digni funt
Æthnicones & Paganiftæ,nobifcum ad exé-
plum eius, qui fumma Sapientia eft, afinum
epuitare, quò fit vt monftra fibi delegerint.
Non caret fuo præfagio fanè, monftrorum
equitatio talis. Quid miramur, fi quandoq;
Deus animofos nonnúquam excitet equos,
afinis impatientiores, qui contra fœtus
monftruofos, dum in fuperbiam & ignorantiam, ita pertinaciter acti fæuiunt, calci-
trare moti fint. Si genus hoc hominum effet afino dignum, vtiq; fubmitteret fefe iugo
patientiæ,quod fræno haud indiget, vel ca-
piftro:hoc ipfum imitarentur ab afino,quòd
fuos greffus,vt ifte, pedetentim ac humiliter
examinarent, cum patientia, ne laberentur
in ignorantiam. Hoc eft,fua fundamenta diligentiùs contarentur, num folidis confta-
rent lapidibus,à rupe Veri defumptis. Porro
cogentur inpofterum ad lapidem lydium,
quanquam inuiti,venire,iudiciumq; fui non

E 3

sine maximo dedecore videre & audire. Nū-
quid honoratius foret, ingenuè suum errorem fateri, & pœnitentia duci, ad Veri centrum, ac vitę semitam, quàm in eo, per latam
viam ad interitum, & perditionem ita con-
státer perseuerare. Quod quidem vt faciant,
rogamus omnipotentem Deum, istorum ho
minum oculos aperire dignetur, & mens
eorum oculus fiat, vtque Spiritu diuino suæ
gratiæ tracti, redeant ad cétrum veræ sapientiæ: de cuius fonte, viuas hauriant aquas,
abiecta sordium scaturigine, quibus hactenus submersi, persistunt adhuc in eis obsti-
natiùs, quantò magis hominibus innotes-
cunt. Bone Deus Potens ac Misericors, no-
sti quantis periculis, ægri sint ob falsæ medicinæ Æthnicorum introductionem, expo-
siti, præsertim hac tempestate, præ cunctis
corruptissima: qua nedum in medicina cor-
porea, verum etiam in ea quæ salutem animæ concernit, omnia contra veritatem cer-
tare totis conatibus, palam est, at frustra. Per
te siquidem reddimur certiores, quotquot
eius tuæ sapientiæ Centri fuerunt ac erunt
ignari, nunquam veri quidpiam tractasse, vel
tractaturos, imò cótra, quidquid conati sunt,
hoc ipsum non solùm in sui ruinam & perditionem tendere, verum etiam eorum qui
hæc vestigia sequuntur: idque, verbo tuo, dū
asseris nobis in persona filij tui dicentis: Ego
sum

sum via, veritas, & vita. Inde constantissimè
colligimus, nostris in actionibus omnibus,
artibus, ac scientijs, à cétro veri progressum,
ad sanitaté & vitam facere debere nos, cùm
in hoc mundo, tum in futuro sæculo. Primo
verbo, charitas in fratres: secundo, fundamétum ac finis actionum & operũ nostrorum:
tertio verò, vtraque salus in vnitatis Centro
quæréda præfigùratur. Testimonium etiam
habemus certissimum, optime Pater, Medicum & Medicinam creasse te, ac velle propter hanc, illum esse honorandum, quod nemo verè christianus in dubium reuocat, modo vera sit, & non falsa medicina : quarum
differentia, non meliùs neq; exactius, quàm
à suis principijs petenda. Horũ igitur ana-
toniam ex vtraque parte, (Deo duce) fœliciter auspicabimur in sequentibus ab vnario.

DE VNARIO.

Simulacrum Vnarii, ab Vno infinito, &
indeterminato, determinatè creati.

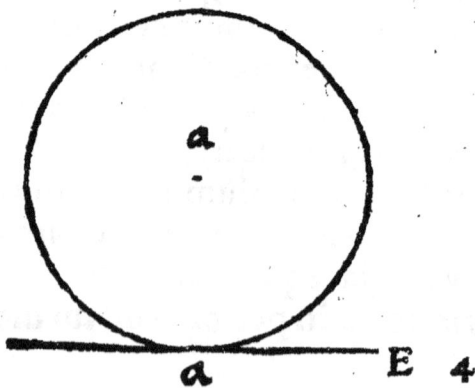

a

a   E 4

Semper sui similis.

Imago veri, quiescens in vnitate sui cêtri, in infinitũ diffusi, nec nisi pũcto (tamẽ inuisibili) circũquaq; mẽti cõspicui, summa cũ admiratione, laudeque, dignissimũ exemplar.

Capitulum primum.

Ab initio, priusquàm Altissimus Deus, hominem vltimam creaturam suã procrearet, ad Imaginem & similitidinem suã, voluit ex nihilo creare domicilium eius, & in eo quicquid vsui foret illi, nec id imagine sua distitutum esse voluit, quòd primã creaturam visibilem statuerat. Hanc ordine pulcherrimo creatã, numeris, mensura ponderéq; dispositam, admirando quidem ornauit artificio. Quibus tribus instrumentis, tamquam ideis primis, & formis vti decreuit in hoc opere suo. Vnde, non inconsultè, neque temerè colligimus, homines fundamentorũ artium, & scientiarum suarũ principia, medicinæ præsertim (quæ prima sese obtulit homini post lapsum necessaria) summa cũ reuerentia, & gratiarum actione, haurire debere. Maximè quòd videamus, summum Creatorem his numeris & mensura, & ponderibus vsum fuisse, cùm eis non indigeret, (potuit enim cuncta creasse nutu solo, qui Deus est omnipotens) verùm, vt nobis hominibus de se nihil potentibus, exempla-
ria

ria fua daret, ad cuius normam, quicquid in
hoc mundo effemus operaturi, perbellè re-
ferremus, omnemque noftram fapientiam, à
fonte fapientiæ Deo, & non aliundè ortam
agnofceremus, eique omnem ferremus ac-
ceptam gratiâ. Quapropter ex diuinis eiufmodi fimulachris, noftra principia medica,
vt æquû eft forta, defumptaque docebimus,
idq; validifsimis argumentis, & exemplis
irrefragabilibus : contra quæ tam atrociter
fæuiunt Æthnici, Paganiq; medici, quorum
ex aduerfo principia pariter ponere ftatui-
mus, vt toti mundo pateant vtraq;, liberum-
q; fit iudiciofis hominibus, inter ea difcerne-
re verum à falfo fundamento. Confolamur
apprimè, nos à fonte Veri pendere, ac in eo
chriftianos imitati Doctores, & non gentiles, nec infideles : tùm noftros inimicos nil
contra nos adducere poffe, præter autoritates hominum à Deo reprobatorum, & veritatis prorfus ignarorum, exiftentis in Deo
folo, quem nunquam cognouerunt. Doceát
vnum inter fuos Doctores & fapientes, Deû
ex Veritate cognouifse, vel qui non blafphe-
mus in Deum Deique filium fuerit (vt Princeps ille Medicinæ Galenus) vel idololatra
non extiterit, & per confequens, contradi-
ctionis fpiritu feductus non fuerit. Nihilominus volunt iftorum difcipuli Veritatem
dici, & haberi, quod fcribunt ac docent : hac

E ;

ratione ducti, quam proferre tam impuden-
ter non verentur, in artibus nempe, & in facultatibus, nihil agi de Deo. Ac si conclude-
rent, illas absq; Deo possidendas, & exercé-
das. Quæ blasphemia hæc est. Inde luce clarius liquet, nihil ex charitate suos facere medicos, at solùm ex auaritia. Posunt esse medicus, & medicina sine suo Creatore? Sed
missos faciamus eos homines, qui talia vel
cogitant, & ad animi conceptum veniamus.
Deus vtique pura, & simplex essentia per
seipsam consistens, incomprehensibilis per
alium, inuisibilis, indefinibilis, & indiuisibi-
lis, per Vnitatem nobis præfiguratur, quæ
quidem multitudinis expers, contrarietaté
non admittit, & per consequentiam, nullam
infirmitatem. Mundus cùm ad Imaginem, &
similitudinem vnitatis à Deo creatus sit, in
ea perstitit Vnione, quamuis per numeros
ordinatus (vt istorum in Genesi sit mentio)
quippe qui, naturam Vnionis ad huc retine-
rent sub hominis obedientia, multitudiné-
q; nullam efficerent, vsquedum per Dualitatem Binari seductus, in multitudinis contrarietatem, & inobedientiam præcipitasset,
vesteque perfectionis exutus, tum sanitate
mentis & corporis, omnis vitij labem, infir-
mitatis, & morbi miser contraxit. Priùs medicina quapiam non indiguit, quàm in morbum hunc omnium genus morborum primum,

mum, incidiſſet, omni ſanitate priuus. Cùm
igitur origo prima morborum omnium, homini contingat, per receſsum eius ab Vnitate, ſequitur, in Vnitate ſola, ſanitatem omnē
conſiſtere, & hanc in illa neceſſariò quæren-
dam. Iam videamus in quos morbos incide-
rit, in erubeſcentiam videlicet, mortiſ̄q; horrorem atque timorem vtriuſque. Ergo ſpiritu & corpore malè ſanus, quòd in vtramque
mortem exitum faceret, ac ad vtriuſque vitæ
mox à lapſu tenderet in interitū: duplici pariter vt ſeruaretur, medicina fuit opus, Miſericordia Dei videlicet, ac pane: ſub quo po-
ſteriore, corporis medela continetur, his diuinis correctionis & punitionis verbis. In ſu
dore vultus tui, veſceris pane tuo. Panis hic,
non ſolùm intelligendus, quo ſuſtentatur
corpus ad alimentum, verum etiam quicquid homini ad vitā eſt neceſſariū. Morbido
maleq́; ſano corpori, medela ad vitam eius,
panis eſt, quo ſi deſtitutū erit, non ſecus atq;
ſi careat cibo, morti fit obnoxium. Maximo
ſanè diſpendio, panem benedictionis, pro
pane ſudoris, doloris, anxietatis, & curæ cō-
mutauimus. Panis itaq; medicinæ (non ille
qui per hanc artem acquiritur, ſed qui ad ſanitatem recuperandam eſt neceſſarius) alio
loco minimè quærendus, quàm eo, in quo
nobis deperijt, vtputa in fœlicitatis & vnitatis horto, quem breuibus explicandum ſu-
ſcepimus.

scepimus. Antea tetigimus mūdū ipsum, ad
Imaginem & similitudinem Vnitatis diui-
nę conditum esse.   Quandoquidem sua rotunditate mirum in modum absoluta, pura
meraque simplicitas absque multitudine,
qua dotatus est ab initio suæ creationis, aper
tè nobis innotescit. Videmus enim corpus
sphericum, quantumcumque sit, & quàquà
versum agitatum in plano, solùm in puncto
quiescere, quod habet pro fundamēto, quod
que centrum suū occultum, ad superficiem
circumquaque manifestum facit. In eo mysteria magna, tùm naturalia, rùm supernatu-
ralia latent, item artium & scientiarum omnium arcanā.   Si mundus igitur in vnione
sua permansisset, non erat opus medico, nec
medicina. Quapropter omnis medicinæ finis est, vt ad Vnionem ægrum reducatur, in
qua medicinæ principia nostra fundauimus.
Reliquum erit vt examinemus, vbi sua de-
promserunt aduersarij.

DE BINARIO.

Simulacrum Binarij ab Vnitate receden=
tis, unde mors occasionem cępit.

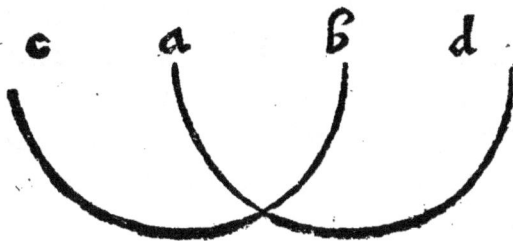

In Monomachia Contrarietas.

Imago falſi, pacem lacerare, & alteram ſe
Monarchiam extollere conata, ab Vnitatis
ſimplicitate, in Dualitatis confuſionem di-
uiſa eſt, & in cornua quatuor caput erexit,
ſuper quę Monomachiā fabricauerūt impij.

Capitulum ſecundum.

POſtquam Altiſsimus Deus Angelos
ſuos, & gloriæ ſuæ miniſtros creaſſet,
ſub Vnione ſuæ pacis & concordiæ, ſurre-
xit ex acceſſorio caſu, hominum intelle-
ctui minimè cognito, primas inter creaturas, Binionis atq; Dualitatis, inimica Deo
confuſio, quæ propter aſſumptam multitudinem, diſſenſionis, contrarietate ſuffragan-
te, imaginem Vnarij creatam, in Binarium,
Diuinitati contrarium ex diametro, contra-
que Veritatem pugnantem, tranſmutauit.
Quiquidem Binarius, diabolus, & calumnia
tor effectus, vel ſolo cogitatu, hoc videlicet,
vt aliam ſtrueret Monarchiam, eamq; vel æ-
qualem, vel Deo ſuperiorem. Verùm non citiùs conceptum crimen læſæ diuinæ Maie-
ſtatis, quàm, deiectus è cœlo Binarius, vnà
cum ſuis complicibus, extra lucem, in tenebras exteriores decidit, mortiſque perpetuæ
pœnas dedit, abſq; tormenti fine. Quo melius rem ipſam declaremus, rationem circini
producamus in medium, cuius pes vnus con
uenit

uénit centro , tamquam Creatori, pes alter
circumferentiæ,veluti creaturæ. Cum igitur
angelus reprobatus,ſuum Creatorem in Vni
uerſi productione conaretur imitari,propriũ
ſibi circinum fabrefecit in animo peruerſo.
Super aliud centrum itaq; fabricare coactus
eſt,quòd duo centra, non conueniant in vna
monarchia,neque duæ circumferentiæ. Hac
de cauſa Binarius meritò vocatus, quia vnitatem veriq; centrum , ad multitudinem reducere numeri conatus eſt, aſſumptóq; centro falſi, duxit circonferentiam ad medieta-
te,quò cum perueniſſet, circonferentiæ pes,
in aliud iterum centrum mutatus , aliã prio-
ri ſimilem circonferentiam mediam nihil
concludentem , ſed interruptam , falſi figurã
præſeferentem cum alia deliniauit: vnde be
ſtiæ ſerpentiſq;duplicis effigies,cornua quatuor erigentis in cœlum , & contra veri Monarchiam, erepſit. Perpetrato primo crimine,radiceq; malorum, & vitiorum omnium,
cecidit regnum hoc diuiſum in ſeipſum, vnà
cum ſuo Principe Lucifero,ſuiſque legioni-
bus commilitonum . Non eſt ergo quòd mi
remur,ſi Deus in Creatione Mundi (vt in Ge
neſi habetur) die ſecundo non dixit, vt alijs
quinque diebus hoc verbum, ſcilicet, Vidit
quia bonum eſſet, ob numeri primordium,
vnde multitudo ſumpſit orignem, confuſionis, diuiſionis & controuerſiæ, vt ſuprà auditum

ditum est accidisse de Binario. Non ideo có
cludimus duo prorsum esse reijcienda, modo tamen in Vnione persistant, vti duo in car
ne vna. Verùm quoties diuisa sunt in Binio-
nem, id est, bis vnionem efficiunt, cum Binario esse reprobata, constanter asserimus, vnà
cum sua prole quaternario, id est, quateru a-
rio, vel variato, ex Biuariato generato. Quó-
ties igitur duo vel plura pacem obseruant
in vnitatis veritate, bene constitutam esse
dicimus Duernionem, & non Dualitatem,
Non ita de Binione, vel bis vnione censendum, quia non debent nec posunt esse duæ
Vniones, sed vna tantum, vt non nisi Deus
vnus, & non plures, neque pauciores esse
possunt. Ternarium etiam, nolumus inter-
pretari teruariatum, quia proles est & fœtus
Vnarij, qui nunquá variauit ab Vnione, quod
fecit Binarius. Vt nos recolligamus ad ea
quæ proposuimus dicere, Auditum est supra, Binariam illam diuisam Monomachiam
cornua quatuor erexisse, partu Binarij pro-
creata. Hæc elegerunt sibi sapientes Æthnici
& Pagani medici, pro suo fundamento, quo
distraherent Vnionem in quatuor, eóque
Diabolum duplo superarent, qui tantùm in
duo, sed frustra, lacerare conatus est. Exemplo patet, cúm ex Vnico humore, qué Deus
creare esseq; voluit, quatuor humores statue
runt male cautis, & nó sanis hominibus per-
suadere.

suadere. Miror, cur magis quatuor humores
esse possint, quàm quatuor siccitates, totidé
frigores, & calores: quatuor aquæ, quatuor
ignes, quatuor aeres, quatuor terræ, & quatuor mundi. Miranda quę confusio, & absur-
surda quæso? Qua Pagani & infideles Veritatis ignari, nos Christianos. Vtri sectatores,
ad suam insaniam trahere nituntur miseri?
Non vident quocúq; se recipiant, nihil pręter inquietudinem animi reperire se, nil cer-
ti, veri, stabilisq; nihil, de quibus apud Apo-
stolum his verbis, semper studentes, & nunquam ad Veritatis notitiam peruenientes:
quòd vniti nihil in suis studijs, sed contraria
sint omnia. Exemplo suo proprio patet, cùm
per Maximam suæ medicinæ docent, contraria contrarijs esse curanda: quid hoc aliud
est, quàm fateri se natos ex Binario, qui radix
est omnis contrarietatis. Bello ne, vel pace
quæso, contrarietas, id est infirmitas naturæ,
vel imbecillitas eius (quę propter contrarietatem & bellum intestinű partium receden-
tium à concordia seu vnione ortum habet)
fuerit amouenda? Pace dixerit vir sapiens ac
prudens, non dissentione. Igné igni, & morbum addere morbo quid inter se differunt?
Non iuuerit eos etsi respondeant, aquā igné
per contrarietatem extinguere. Non vident
iterum miseri, hoc fieri extra monarchiam.
At in Monarchia nihil contrarietatis admit-
                                            titur,

titur, quę fi violenter & præter naturam Ir-
rumpat, morbus introductus eft, & Binarius,
qui prorfum abijciendus : vt humani corporis monarchia, per harmoniam, & non per
monomachiam conferuetur. Concludédum
igitur, Æthnicos doctores, Binarij filios per
quaternarium exiftere, quòd ex radice binarij quatuor illa cornua generata fint, in primum numerum quadratum: vt in typica figura præcedenti per a. b. c. d. proponuntur
oculis, ambitio, brutalitas, calumnia, & di-
uortium, in Monomachia diaboli diuifa, quá
relinquentes Monarchiam noftram vnitifsi-
mam profequamur.

DE TERNARIO.

Simulacrum Ternarii, ab Vno immenfo creati.

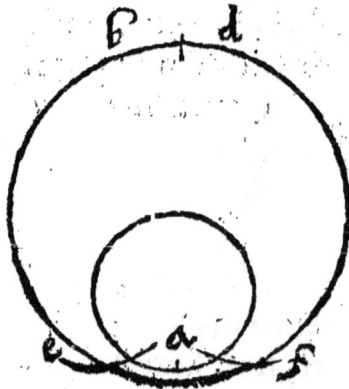

Inuidet Fœlicitati miseria:

Imago Microcosmi, per Binarium seducti, & in Monomachiam adducti, non citius definibilem, quàm Binarius ab vno iudicatus sit, cum sibi cohærentibus.

Vt igitur summus Creator Deus, vide ret quos crearat Angelos, ab vnitate defecisse, Bonitate suaq; prouidétia, Ternariu, & Microcosmu, vltimamq; suam creaturam condere statuit, in locumq; substituere, deiectarum à cœlo primaru creaturarum. Quod percipiens miser ille Binarius, inuidia quadam innata, captiosisque rationibus, idq; sophisticis, pomum vetitum, inobedientiæ radicem, in Monarchiam eiaculauit, quo quidem ab vna parte dumtaxat laceram, non prorsum diuisam tamen, ad finem, & mortis latam viam adduxit, sub omega faciem: & pomum, perditionisque panem, in duo diuisum, distribuit, in fœminæ marisque seductionem, vt patet in sequentibus.

DE

DE MONOMACHIA.

Simulacrum lacerati Ternarii.

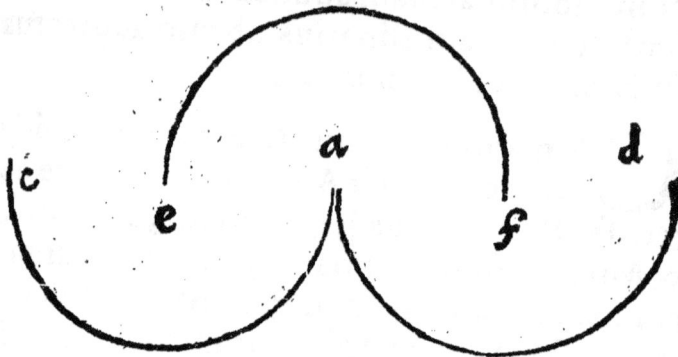

A præcepto lapsus, quo fine prius erat.

Imago laceræ Monarchiæ creatę, in Mo-
homarchiam à Binario feductæ, lacerantifq;
pomi pariter laceri, miferiarum originis.

Capitulum quartum.

I Amdemum cohfiderandum, vnde procef-
ferunt errores in medicina, & vnde corruptiones omnes in reliquis philofophicis
profefsionibns. Nemo fanæ mentis negabit
ex pane, morfuq; vetiti pomi, hoc ipfum per
ferpentem Binarium, in Microcofmum Ternarium irrupiffe, quod ex præcedentibus
colligere facillimum.

Non poteft ergo tolli morbus à Ternario per Binarium, neq; per eius prolem quaternarium, fed per Vnarium folum in Triade
dominantem ęqualiter. Cum Diabolus mo-

F 2

narchiam Ternarij, per pomum laceraffet ab
vna parte tantùm, nõ potuit effeciffe, vt pror
fum in feparatas partes diftraheretur irrepa-
rabiles, vt ipfe, qui nullam fpem reconcilia-
tionis habet. Verùm, in modum poftremæ,
finalifque literæ ω omega, finem & mortem
fignificantis, relinquere coactus eft: non eâ,
qua ipfe calumniator moritur abfq; fine, fed
quæ mifericordiam effet confecutura per
Chriftum, qui eft alpha α & ω omega, & cuius virtute, omega hoc, ad alphæ normam
atq; typum reftituetur, vt proximè fequenti
fimulacro patebit apertiùs, Quid hoc fibi a-
liud velle videtur, quàm Dei mifericordiam
erga hominem, ob oculos nobis proponere,
qua poft lapfum, ad priorem ftatum fuæ Monarchiæ reftitutus eft, excepto folùm radicis
pomi tantillo, propter quod Monomachia
tantifper nobis excercenda, dum in corruptibili hoc domicilio, morabimur? Vt rem di-
lucidiùs tractare valeamus, eft quòd circinũ
à Binario per imaginariam artem fabrefactũ,
quàm antea clariùs examinemus. Auditum
eft in præcedentibus, imaginarium inftru-
mentum hoc, vnà cum fuo fabro deiectum
è cœlo, in tenebras exteriores, hoc ipfum, ad
manus refumere non ceffat, calumniator
ille Binarius quo Monomachiam fuam indies contra Deum & homines dirigere co-
naturat fruftra. Quandoquidẽ inuicta, & in-

su-

insuperabilis Dei poteſtas, côtra quam, nulla reſiſtétia, nulla reluctatio quicquá poteſt,
Architectum falſi machinatorem, & inſtrumenta ſua, toties in foueam confuſionis &
perditionis relegat in æternum, quam ſibi-
met fodit, quoties artes ſuas & technas exercere nititur, contra monarchiam noſtram
per imaginationem circinû ſuum nobis ob-
trudens ac præfigurans. Nouit calumniator, nobis ob lapſum in quem traxit nos, in-
iunctá eſſe pœná laboris, atque vuitus noſtri
ſudoris, ad acquirendum pané & neceſſariâ
victui, tû vſui. Quapropter occaſione ſumpt-
ta hinc, in artes ſuas nefarias inducere nititur, quibus ea comparemus, quæ minimè ſa-
lutaria ſunt. Verùm Deus nobis inſtrumenta propoſuit, quibus vti nos vult, & quibus
artes noſtras ad parandum panem confor-
memus. Nô indiguit Creator Deus in mundi creatione vel tempore, vel inſtrumentis,
quibus opificium ſuum in ordinem redige-
ret. Siquidem, vt ſupra diximus, nutu ſolo,
ac momento, hunc ordinem omné obſerua-
re potuit, qué videmus: Attamé, vt nos doce-
rét omnia, cùm petere, tû quęrere quę necеſ-
ſaria ſunt, per ſudorem & artes, vera nobis
propoſuit inſtrumenta diuina, vidзlicet, numerum, menſuram, & pondera, iuxta quæ,
ſingulas actiones, ſcientiarumque normas,
ordinaremus, & renunciaremus Binarij ca-

F 3

lumniatoris circino, cum reliquis omnibus
falsis ac imaginarijs instrumentis. Cæterùm
considerandum, qua via, quibusue instrumentis, lacera nostri Ternarij monarchia, sit
ad vnitatis, & sanitatis integritaté reducéda.
Primò omniú, ad Veri & Vniuersicentrú ani-
mú aduertamus, in quo numerus omnis, mé-
sura, pondus, & cuncta Sapientia latet, quod
semper luculentius patebit in sequentibus.

DE INSTAVRATIONE
TERNARII.

Simulacrum restituti Ternarij ad Vnitatis simplicitatem.

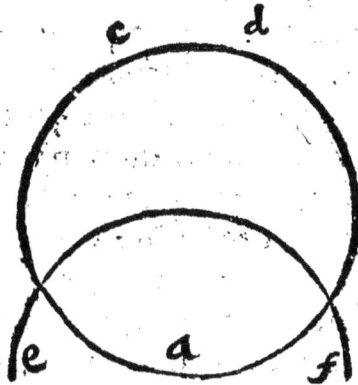

Renatapœnitentia.

Imago nouæ creaturæ sola Dei potentia
restitutæ.

Capitulum quintum.

VEra medicina, quà lacera Ternarij monarchia, quod ad spiritum attinet re-
paratur.

paratur, Veri centrum esse fatendum est: non secus atq; medicina corporis eius, centrum est vniuersi. Quæ non duo centra, sed vnicū, vti spiritus & corpus hominis, vnicus homo. Diuersis tantùm respectibus, ob diuersa quibus assumūtur, dumtaxat animo discernenda, tamquam increatum, & creatum, quæ sub vnione concludenda sunt. Reijciendum est igitur imaginarium illud centrum Binionis, à calumniatore positum, vt hoc medicaméto, Ternarius, ad verum Vnarij centrum, & ad priorem Monarchiam, à Monomachia liber, adeptà victoria, persuum Redemptoré adducatur. Non possunt enim in vnica Monarchia, plura centra, neq; pluribus circunferentijs concludi potest spacium vnicum. Hæc de medicina, contra spirituales ægritudines dicta sint. Iam ad corporalem illam & physicam veniendum est, vt eius quaternarius, ad prioris medicinæ cum ternario copulam accedens, conueniant ambo simul in septenario. Quaternarius enim habetur loco materiæ, vel corporis, ob elementa quatuor, quæ naturæ materiam vniuersam exhibent, vti cœlum eidem præbet omnem formam, & actionem in materiam. Morbus autem, est impressio mali, per actum centri falsi, in corpus ad passionem actioni similem, dispositum. Ex aduerso Medicina, est repressio mali, per actum Veri cétri & vniuersi, in cor-

pore ad pasionem actioni similem dispofi-
to. Cùm igitur ex vna radice morbus omnis, ex vna radice pariter omnis medicina
progreffum habet : quid quæfo generare de
fe poteft vnum, aliud quàm ternarium? Rur-
fum, quæ fatuitas Æthnicorum, vnius & vni-
uerfalis Medicinæ fœtum quaternarium fta-
tuere, fub quatuor humoribus, cùm hæc fit
proles Binarij?Doceant ipfi duo poffe rerum
effe vera principia, vbi alterum, falfum non
deprehendatur. Interea nos ad inftauratio-
nem laceræ monarchiæ redibimus. Summa
virtus atq; bonitas immenfa centri inuifibi-
lis, & indiuifibilis, tantæ eft efficaciæ, vt omne quod fibi conforme fimplicitate fuerit, ac
rotunditate ad fe trahat. Quo fit vt homo,
qui ad fimilem ab initio creatus eft imaginem, licet in ea non permanferit, nihilominus, vbi deperditam fanitatem, corporis,
vt métis, medio folius eiufmodi côformita-
tis recuperare ftudeat, ab omnibus liberabi-
tur imperfectionibus & morbis, ac ad priorem formam reftituetur. Quod videre lucet,
ex typo renatæ pœnitentiæ, in quo centrum
veri & vniuerfi. a. fubleuat b. d, laceri Ternarij, brutalitatem atque difcordiam exclu-
dens extra monarchiam, ac ad initium, al-
phæq; formam, omegæ finem adducens. Idipfum clarè nobis declarat, quod loquitur
Deus his verbis. Ego fum alpha & omega,
prin-

principium & finis. Etenim ipfe principium
non habet, neq; finem, ergo de nobis intelligere nos docet, in eo noftri nos initium & finem agnofcere debere. Quamuis etiam ad
initium prioris ftatus, monarchia creata, nobis per Chriftum reftituta fit, ne tamen, eius
tantiq; beneficij vnquam eſſemus immemo-
res, pomi lacera circonferétia, monarchiam
hanc noftram adhuc interfecare percipitur,
monomachiamq; fuam exercere cótra nos,
dum in caduco verſabimur, nedum in animo
fed etiam in corpore. Ternarius igitur animi, fiue mentis, medicina eft eius increata,
ex increato veri centro: corporis autem crea
ta medicina, ex vniuerfi creato centro nata.

DE TERNARIO ME-
DICINALI.

Simulacrum reftituti Ternarii
medicinalis.

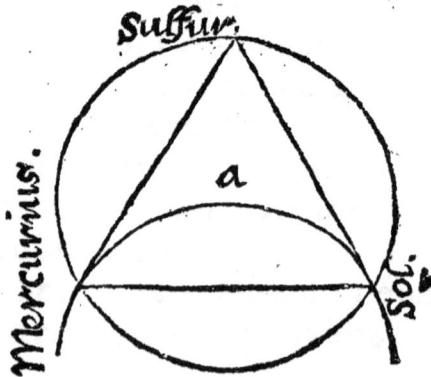

F 5

Renata Monarchia.

Imago Sanitatis, adæquata proportione Ternarij, reiecto Binario.

Capitulum sextum

VT tandem noſtra principia, cōtra ſuos inimicos in palæſtrā adducamus, has theſes ipſis maſticandas proponemus. Vnitas, medicina haudquaquam indiget, quòd ſit ipſamet ſanitas. Dualitas medicinam recipere nullo modo poteſt, cùm in perpetuū condemnata ſit abſque miſericordia. Solus Ternarius eſt is, qui medicinam recipere poteſt, quia dignatus eſt gratia, per eum qui ſolus eſt miſericors. Quamobrem igitur, attribuunt Æthnici, medicinæ doctores quaternario, quod nulla ratione quadrare poteſt ad medicinam. Condemnatus eſt, vnà cum ſua radice Binario ſcilicet, vnde generatus, eiuſdem conditionis atque naturæ, cuius parentes. Fructus enim ex arbore mala, bonus minimè producitur. Ædificium itaq; ſuum, ſuper hoc fundamerum fabricare pergant, culmineq; protegant, aeri ventis, & fulmini Iouis obnoxio, dum nos in ſolidis petris ædificamus. Dicimus & aſſerimus, tres dumtaxat eſſe primas in homine ſubſtantias, & nó qualitates, at bene qualificatas, in quibus, vt ſanitas per vnitatem, non aliter morbus per Dualitatem ortum habet, Quarum prima,
calor

calor eft naturalis, vt radix vitæ: fecunda, radicalis humor, vt vitæ fomentum, fine quo
perfiftere non poteft illa : tertia, fal eft naturale, vt balfamum, quo priores partes à corruptione tutæ fint, cui fua natura funt obno-
xiæ. Non alia ratione tres partes etiam primas, in quibus tria principia medicinæ con-
fiftunt, conftanter & intrepidè profitemur,
& affirmamus, vtpote Sulphur, Mercurium,
& Sal naturalia. In quocumq; corpore igitur, hæc tria per vnionem conueniunt, verè
fanū iudicari poteft: in quo verò non 'morbum & mortis radicem primæ fubintraffe.
Propterea non negamus (quod falfò nobis
obijciunt inimici) quatuor elementa, imò
potiùs, ac longè faniùs quàm ipfimet appro-
bamus, cùm docemus, in vnaquaq; dictarum
primarum partium, elementa quatuor in feparabili vinculo naturæ quodam exiftere.
Elementorum feparatio, naturæ prorfùm re
luctatur, cui minimè diuinitus conceffa eft,
hominibufq; minùs. Aliter in fui deftructio-
nem operaretur, quod minimè contingit:
imò potiùs in fui propagationèm eorum af-
fidua commixtione laborat. Hoc ipfo redar-
guuntur illi nugarum feminatores, qui fepa-
rationes elementorum apparatu maximo
præfcribunt, aliter quàm per amotionem im
puritatis à puritate, manéte nihilominus in-
feparabili confociatione, concordiaq; naturali

rali per Vnionem. Diabolus maximopere
nititur ea feparatione deftruere naturá, vnà
cum fuis operibus, eoq; fuos difcipulos indies exhortatur. Dicimus ergo, nos non fe-
parare eleméta, fed ab vnoquoque corpore,
partes primas ex quibus compofita funt, fua
retinente qualibet elementa, minimè fegre-
gata, fed potiùs à fuperfluitatibus, & immū-
dicie depuratifsima. Quæ tria quidem vt ap-
probemus, parui nobis admodum laboris, &
negotij fuerit. Notifsimum eft, ea in quæ re-
foluuntur corpora naturalia quæque, partes
ex quibus conftabant ab initio fuæ compo-
fitionis, exiftere. Nullum enim corpus à natura compofitū, in plura neq; pauciora, poteft artificio folutionis partiri quàm tria,
fpagiris compertifsimum eft, fcilicet in Sulphur, Mercurium, & fal: quod etiam ad oculum demonftrare pofsunt. Quamobrem igitur Æthnici doceant, plures corporum naturalium partes, non videmus nifi quòd re-
folutionem ignorarunt rerum creatarum, &
Creatorem ipfum ex Veritate non cognouerunt, quò factū, vt non nifi per fallacifsimas
vmbras de fingulis, & de natura iudicare po-
tuerint. Etenim qui Veritatis ignari funt, vt
ifti, de re quapiam verè differere aut loqui,
non eft pofsibile, fed falfo & perpeeam gar-
rire neceffarium. Videtur ijs qui nullam fuæ
doctrinæ fecerunt anatomiam, tales homines

nes honore dignos effe, qui mundum fabu-
lis implere fallereq; norunt,fermonis elegá-
tia, vel alio quouis orn..ru , laruarum inſtar
ſuos errores contegere. Verùm ſi quis eorum
fundamenta diligentiùs examinet,laruam-
q; diripiat,luculentiſsimè fucum ſuarum in-
uentionum, non aliunde, nec altiùs, quàm
ex meris proprijsq; ſomnijs hauſtarum, in
ſerie verborum latere, ſtatim experietur. Si
docere non poſsint ſua principia ex centro
Veri procedere, neceſſariò concluditur ex
centro Falſi deprompta fuiſſe, quòd præter
has duas,nulla ſit artium & ſcientiarũ radix.
Cur itáq; patiemur à cęcis,& Veritatis igna-
ris duci nos,ad Veri noticiam,idq; coactè,ac
inuitò.Fatuum & chriſtiano minimè dignũ,
ab infideli &inimico Dei ſeduci,hac perſua-
ſione,vt ab eius farinæ hominibus addiſca-
tur,chriſtianis reiectis ac ſpretis Doctoribus.
Non æquè mirum Æthnicos, ſuis, ſuíque ſimilibus ; ſcripſiſſe, & iſtos ab illis didiciſ-
ſe friuolá quæque.His enim vlteriùs progredi,quàm ad vmbras quaſdam Veri,datum nõ
eſt, quò forent inexcuſabiles. Æqui boniq;
ſectatoribus iudicium relinquimus, vtrũ de-
teſtabilius, Paganos & infideles ſuis ſcripſiſſe tantùm, vel chriſtianos illorum doctriná
amplecti,qui chriſtianis minimè ſcripſerũt.
Nede ſunt eiuſmodi fideles homines,qui per
fas aut nefas defendũt ea quę ſibi ſuęq; pfeſ-
ſioni

fioni maximè contraria funt & Veritati, ca-
lumnijsque adoriuntur eos, qui feduci no-
lunt.   Quid mirùm, alia non habent arma,
quibus contra Veritatè pugnent, quàm Dux
eorum fuppeditauit Binarius ille Calumniator. Faciant quod poffunt, victoriá nunquam affequentur, aduerfum pigilem inui-
ctifsimum Deum. Refiftamus igitur quifque
pro fua vocatione, philofophus in philofophia, medicus in medicina, fic de reliquis.
Diximus ántea veræ principia fundamen-
taq; medicinæ, Sulphur videlicet, Mercuriú
& fal, correfpódere calido naturali, humido
radicali, & balfamo naturali, calidum & humidum à putrefactione conferuanti, per tè-
perationem frigido & fico fibi innatis, factá.
Notandus hoc loco fagacis prudentifq; naturę pulcherrimus ordo, quę, vt humidi cum
calido putrefactioné arceat, frigidú & ficcú
fimul in vnum fubiectum conclufit, quo tertio fale fcilicet, veluti medio quodam inter
alia duo, fulphur & mercurium, temperatu-
ram efficeret, in fanitatis conferuationem.
Luce clariùs patet, ad coniunctionem duo-
rú diuerfæ naturæ proprietatifque, vel quo-
quo modo contrariorum, neceffarium effe
medium vtriufque naturæ particeps, in ex-
tremis. Ad hæc dicent forfitan aduerfarij, calidum & humidum non effe contraria. Quibus vt pefsimè fundatis in Phyfica, refpon-
                                 demus,

demus,calidum ad ficcitatem, innata fibi na
tura tendere,humidum autem ad frigidita-
tem,quibus qualitatibus contraria funt calidum & humidum,& eifdé in fale fimul có-
iunctis,conueniút,ea ratione qua fal eft fulphur aqueum: intelligenti pauca hæc fufficiant. Si quis nos interroget quid fal fit,re-
fponfum huic volumus aptifsimè, calore
congelatam aqueam terram effe, frigoréque
terream aquam difsolutam. In hunc rurfus
lapidé impinget nó fatis eruditus, inquiens:
Videtur contra naturam, frigore terram fol-
ui, cùm potiùs arefcat, caloréque liquefcat.
Ignorare fatebitur fe, naturalem tranfmuta-
tionem elementorum,hactenus cenfor hic
temerarius cognouiffe. Verùm vt habeat
quo fuum acuat ingenium, hæc & fimilia
melius mafticanda relinquèmus, alio loco
latiùs explicanda, noftrumque profeque-
mur inftitutum. Sal itaque refolutum, a-
quæ naturam induit, congelatum verò terræ proprietatem habet : quam fi contingat
in aquam tranfire,hanc in aerem,& iftum in
ignem tranfmutari , quid obftabit quin ad
terram iterum fiat reditus ? Natura proportionem hanc optimè nouit æquis ponderibus obferuare. Non negamus igitur elemen
ta quatuor,neque qualitates, verùm non có-
fundimus, vt aduerfarij faciunt. Non affu-
mimus etiam pro medicinæ principijs aut
fundat

fundamentis, vt illi. Solùm dicimus, Sulphur
noftrum vnicam habere qualitatem propriã
& innatam, fcilicet calorem igneum, incli-
natum ad ficcitatem terream: item noftrum
Mercurium etiam vnicam agnatam, vtputa
humiditatem aeream inclinatam ad frigidi-
tatem aqueam : quæ omnes in Sale noftro
concluduntur, diuerfis tamen refpectibus.
Nolumus etiam cum ipfis ineptire, qui afferunt qualitates morbos effe, vel efficere,
morbos malè habere, aut qualitatibus effe curandos, quod malè fanorum iudicio
hominum effe videtur. Contra dicimus, æ-
gra corpora tantùm, effe curanda fanis corporibus, ætherogeneis præfertim. Vt naturale fulphur intrinfecum, deuians ab vnionis fimplicitate proportioneue, reducédum
eft ad hanc normam æqualitatis, per fulphur
extrinfecum, ab omni corruptione & impu-
ritate fuis, arte fpagirica repurgatum : fic de
reliquis, mercurio fcilicet, ac fale. Hæc ratio nullis argumentis cogitur cedere, vtputa,
naturam ipfam humani corporis, proprium
fibimet effe medicum, qui ab extrinfeco medico, nihil aliud requirit, præter inftauratio-
nem, aut vti loquuntur fortificationem, ex-
teriori medicamento repurgatifsimo, parti-
que peccanti natura fimili, non accidente,
adhibitam. Inde labefactas vires naturales
reaffumit, quibus recuperatis, per fe potens
est

eſt omnes inimicos ſuos à ſua Monarchiæ
pellere,virtute ſola vitalium facultatũ.Sum-
matim,noſtra hæc eſt opinio,videlicet,mor-
borum omnium in genere corporalium,ori-
ginem veram , eſſe naturalis proportionis e-
normitatem , primorum trium quæ dicta
ſunt,ſub quo genere generaliſsimo,tria ſunt
vti morborum,pariter & medicamentorum,
totidem inferiora genera , ſuas in ſpecies di-
ſtributa. Per ea palam,& expreſſè negamus,
quod Æthnici Paganiq́; doctores perperam
ſcribunt,ac docent , ægra corpora qualitatibus cõtrarijs curari debere. Quid aliud hoc
eſt,præterquam,naturæ bello ſatis inteſtino
labefactatæ, bellum extrinſecum in omni-
modam ſui ruinám gerere? Pacem quærit
ab omni controuerſia liberam idq́ue ſolùm,
amicorum & ſui ſimilium auxilio. Si quis
obijciat nobis,eſſe facile cùm affirmare,tum
negare ſingula , præter ſcholarum autoritates & iura conſueta. His reſpondemus ingenuè,nos renũciaſſe in perpetuum, Æthnicis & Paganis dogmatibus, ſcholis,& auto-
ritatibus, quibus etiam vt inimicis veritati,
non indigemus ad probandam veritatem:
hęc ſola nobis eſt autrix & ſchola,ex qua noſtra depromimus argumenta. Quibus,ſi qui-
ſpiam contradicere volet, hunc obteſtor vt
calamo pariter faciat , prælóq; his commiſ-
ſis, vti hæc toti mundo palam faciat, idque

G

dum viuo, refpondereque poffum: non poft
mortem, quod præceptori noftro Paracelfo
faciunt aduerfarij, putantes ipfum effe mortuum, at falluntur miferè, cum fcriptis im-
mortalis fit. Docebimus latius autoritati-
bus eiufmodi, quibus refiftere fcholæ Paganorum vel Æthnicorum haud vnquam poterunt, ni volent pro more fuo Deo calumnias, & fuis operibus obijcere, quòd in fui
ruinam cedat oportet, quotiefcumque fece-
rint. Hactenus prima noftrę medicinæ prin
cipia, per numeros myfticos approbauimus,
quòd hac vice facere fatis putamus probis
piifq; viris, quorum gratia fcripfimus, alios
parum aut nihil exiftimantes. Supereft, vt
menfuris iam ftabiliamus dicta prima fundamenta, licet per fe conftantifsima. Cum
totus mundus, machinæq; fuæ pondus omne, fundetur fuper inuifibile ac indiuifibile
punctum, quod centrum eft vniuerfi, diuino
quidem ordine tam admirando, vt ne pilo di-
moueri lato valeat: aliter naturam ipfam rue
re poffe, conijcere licet, quòd in medio fita fit
Infiniti. Mirum at fumma cum veneratione,
confiderandum, opificium Dei tam immen-
fum, in puncto circumquaq; citra vacillatio-
nem & immotum quiefcere. Quicumq; huius puncti, centrique rationem cognofceret,
nihil in rerum natura latuit vnquam, cuius
non perfectam haberet noticiam. In eo fiqui
dem re-

dem rerum abditarum fundamentum & radix cùm confiftat,non immeritò, noftrarum
artium & fcientiarum fundamenta naturalia,hinc primùm elicienda nobis veniunt.
Quod antea per numeros,fub vnitate ac triade fecimus, nunc verò per centrum aut punctum vnicum,in monarchiam cóclufum, fub
fphæræ forma,trigonum primum corpus oc
cultum,ad noftram intentionem eft quòd e-
liciamus, vt inde perfectionem bene fundatæ noftrę medicinæ comprobemus. Vniuerfi corpus vnum,tribus primo conftare corpo
ribus,nobis eft ex eo iudicádum, quia vnum
de fe nihil generare poteft,præterquam tria.
Dicimus ergo tria,corpus vnum per compo-
fitionem,verbo diuino triplici factam, con-
flare. Componétes vniuerfi partes,alijs modo iuuat explicare vocabulis, quàm præceptor nofter Paracelfus, ad hunc modum videlicet. Primam,igneam fubftantiam effe di
cimus,vitam & motum,vel animam elemen
torum in fe cótinentem : Secundam, æeream
fubftantiam,vitę fomentum,& fpiritum elementorum habentem:quæ duo fimul appel-
lationem cœli meruerunt,æthereæq; regio-
nis: Tertiam verò, terream & aqueam fubftantiam,fimul ambæ corpus elementorum,
fub appellatione terræ geftantem . Conftat
ex genefi, mentionem effe factam Cœli Terræ,& Aquæ tantùm, Ignis & aeris verò nul-

lam, quòd ista duo sub alijs concludantur,
vti sub cœlo ignis, & sub aquis superioribus
aer. Nihilominus tria primò corpora, nobis
proponuntur à Moyse, videlicet Cœlū, Terra, & Aqua: Paracelsus alijs vocabulis, Sulphur, Sal, & Mercurium, iuxta Physicam, in-
terpretatus est. Nos igitur cuilibet horum
trium, à debita naturaliq́; proportione rece-
dentium, peculiarem trigonum afsignemus,
ex veritatis corpore sphęrico deductum, vt
in typica figura videre licet, a, b, d. sulphuri,
b, g, m. mercurio, d, m, h, sali. Quibus in
trigonum dispositis, aliud includunt sanitatis & Vnionis trigonum, b, d, m, à cūius cen
tro ad angulos dicti sani trigoni, ducta circū-
ferentia, per centra transit, aliorum trium æ-
grorum trigonorum æqualiter, à quibus cen
tris, lineæ rectæ ad angulos trianguli sani du
ctæ, figuram perfectionis hexagonam & æ-
quilateram deliniant. Hoc nobis pręsagium
esto, bene fundatorum nostrorum in trigono, medicinæ veræ principiorum. Cæteras
in trigono æquilatero nostro consideremus
perfectiones. Videmus ipsum quatuor su-
perficiebus, trium angulorum singula, concludi. Hoc ipso nobis præfiguratur animi,
per tria significati, cum corpore per quatuor
designato, pulcherrimam coniunctioné, quá
nonnulli solent appellare mentem sanam in
corpore sano: Paracelsus verò cum suis, phi-
                              losophiam

Iofophiam adeptam. Hoc ipfum matrimo-
nium infeparabile, confirmatur, in angulis
hexagoni, cũ fuo centro copulatis, equali di-
ftantia fefe refpiciẽtib. Plura de his fcribere
poffemns, nifi lectoris animũ afficere tædio
vereremur: fuo tẽpore tamẽ adducẽda funt.

Principiorũ ueræ Medicinæ triũ, primo-
rũcp, per menfuras myfticas approbatio.

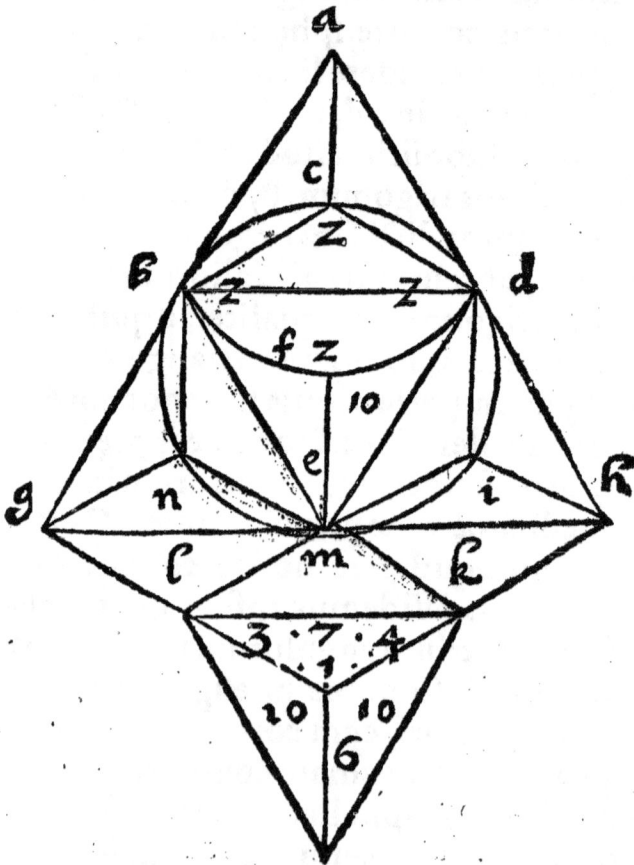

IAm fundamenta noſtrorum aduerſariorum,à quaternario ſumptorum, examinemus per trigonum, quò videamus, an ſingula centra ſuorum trigonorum, per circun-
ferentiam ſub vnionis centro,ſanitatiſq; du-
ſtam,attingantur. Quapropter ex æquilatero quadrato,delinientur trigoni a, b, d, ité
b,g,m,tertius d,m,K,qui trigonum includát,
b m d & ſub centro huius medij trigoni ſanitatem deſignantis,circunferentia ducatur,
Videmus eam, non tranſire per ſingula centra reliquorum trigonorum,à quibus centris
lineæ reſtę, ad angulos trianguli ſanitatis
duſtæ,figuram quidem hexagonam conſti-
tuunt,ſed non perfeſtam, neque æquilaterá,
Vnde colligendum ex aduerſo, noſtrorum
aduerſariorum principia medica, in quaternario fundata, per binarium eſſe manca &
nullius perfeſtionis.At ſi dicát,nos ſumpſiſ-
ſe trigonos non æquilateros. Iam ſi velint ſimilibus examinari, non oportebit ex quaternario æquilatero petere, ſed ex inæquali
& imperfeſto,vt per l,K,ſ,t,notatur. Et hac
via patebit eorum imperfeſtio principiorū,
quæ ex imperfeſto ſumpta ſunt. Quocumq;
ſe vertant, niſi redeant ad trigonum æqui-
laterum noſtrum, ex perfeſto corpore ſphę-
rico natum, hanc Binarij prolem quaterna-
riam,in confuſionem abire neceſſum eſt.Sed
videát ipſi,an alia via poſsint ruiná euadert.

Prin-

Principiorum falsæ Medicinę per mysti=
cas mensuras reprobatio.

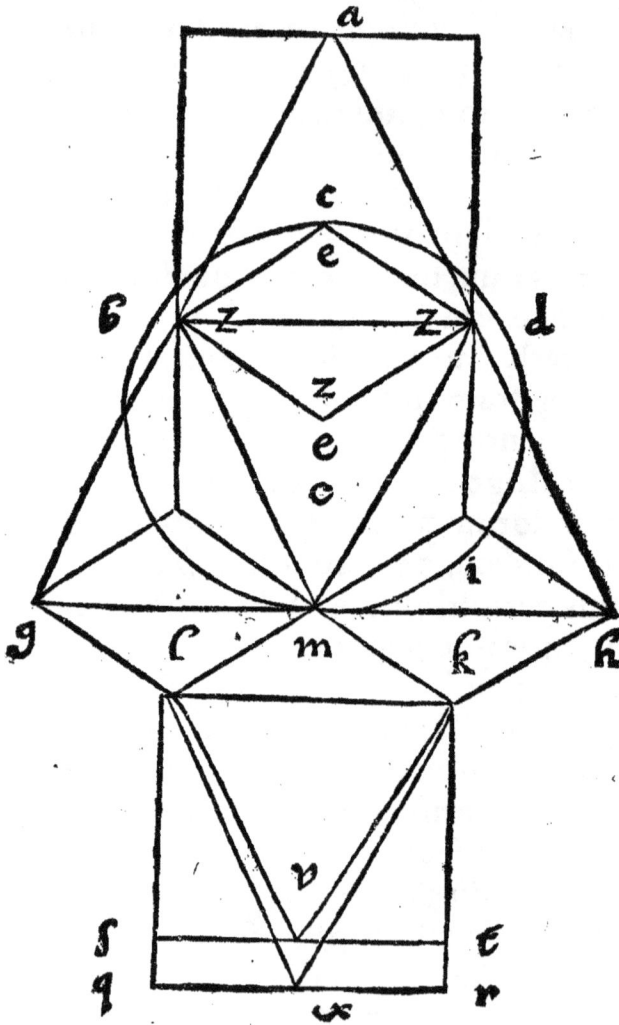

Refumptio eorum quæ fuprà dicta funt.

NE Binarij quaternaria proles, aduerfa-
ria pars, & inimica Vero, calumniandi
habeat occafionem, autoritates pij probiq;
viri Io. Tritemij, præ cæteris in adepta phi
lofophia peritifsimi, quib. ea quę fcripfimus
confirmabuntur. Non Æthnicus, neque Gen
tilis, fed Chriftianus fuit, vt ex eius fcriptis
apertifsimè liquet. Hæc funt quæ locutus,
vel fcriptis familiaribus & amicis tantùm,
protulit. Ad Vnitatem reducendus eft omnino Ternarius, fi mens harum rerum velit per
fectum intellectum confequi. Vnarius enim,
non eft numerus, at ex ipfo, numerus omnis
confurgit. Binarius ab Vnitate recedens, primus eft numerus compofitus. Reijciatur itaque Binarius, & Ternarius ad Vnitatis fimplicitatem conuertibilis erit. Solis vnitatibus conftat omnis numerus. Nonne res omnes, ab Vnitate fluunt, bonitate Vnius, &
quicquid Vnitati coniungitur, non poteft
effe diuerfum, fed fructum edit fimplicitate
& aptatione Vnius? Quid ex Vnitate nafcitur, nonne Ternarius? Vnarius igitur eft fim
plex, Binarius compofitus. Ternarius verò
ad Vnitatis reducitur fimplicitatem. Rurfus
Vnum eft principium purum. Binarius ab
Vnitate recedens, componitur, quia impof-
fibile

sibile est esse duo principia. Solus ergo Ternarius sacratus & virtute potens, Binario superato, suum in principium, non natura, sed similitudinis participatione reuertitur, in quo sine contradictione, mysteria omnia arcani pulcherrimè ordinati, mens intelligit. Hęc est fortitudimis totius pulcherrima virtus, quæ vincit omnia mundana. Cęlestis est nostra philosophia, non terrena, vt summum illud principiū, quod Deum nuncupamus, mentis intuitu, per fidem, & cognitionem fideliter aspiciamus, Patrem, & Filium, & Spiritum sanctum, Vnum principuim, Vnū Deum, Vnumque summū bonum, in Trinitate personarum sempiternum existentem, veraciter credentes, purè cognoscentes & feruentissimi amoris, & seruitutis cultu, semper adorantes, à quo sunt omnia quę vspiam esse possunt. Ad hunc nisi mens animata consurgat, nihileorū quę pulchra sunt, vnquā intelliget, sed in sua tabescet ignorantia. Non est vulgaris hic ascensus, neq; eorū imitatione consequi potest, qui vna dumtaxat ala sursum feruntur, sed paucissimis admodum familiaris:illis videlicet, qui semet in vnitatē, non temerè tamen, reduxerunt. Multi quidem conantur, sed nó est in mente omnium ternarius. Nonne suspecturi coelum, necessa riò primùm caput eleuamus, reclinamusque postquam suspeximus. Solis enim oculis in-

tueri folem licet, aures non vident: vt igitur
confcendat animus, non auris fiat, fed oculus & cor, fiatq; ex Ternario Vnitas, participatione bonitatis ad principium. Quia vnū
folum eſt bonum & omnipotens, non duo,
neq; plura. Niſi igitur fiat Vnitas, non fiet in
mente ſimilitudinis coniunĉtio, neque boni
participatio, & fine his, nulla tranſcenſio. Ni
fi autem hæc præcedant, neque ſuperiorum
intelligentiam, neque inferiorum propriā &
perfeĉtā cōſequi poterit quiſpiā operationē.
Res autem cùm vniuerſales, tum particula-
res, neceſſario, & rerum conditiones, quædā
funt manifeſtę, aliæ manifeſtiores, nonnullę
verò manifeſtiſsimæ: & aliæ funt occultæ, oc
cultiores, & occultiſsimæ, tam ſenſui, quàm
rationi. Hanc diuerſitatem operatur ipſa re
rum natura. Hinc fit etiam, vt quidam homi
nes alijs euadant longè ſapientiores. Magis
autem ſapiens dicitur, qui minus circa per-
ceptibilia percipit. Numerus ordine conſtat
& menſura. Ordo quoque fine numero, &
menſura eſſe non poteſt. Menſura autem, &
numero conſtat & ordine. Vnitas verò hîc &
Ternarius, numerum nō admittunt, ſed omnem exuti multitudinem, innata ſibi puritate ſimpliciſsima, in primo gradu conſiſtunt.
Hęc ad ſuperos via, per quam antiqui ſapien
tes, intelleĉtu profeĉti, rationiſq; verę duĉtu,
plurima perceperunt, quæ vltra humạnum
captum

captum, à noſtris nunc reputantur ſapienti-
bus. Vis audire plenius. Studium generat
cognitionem: Cognitio autem, parit amoré:
Amor, ſimilitudinem: Similitudo, coniunctionem: Coniunctio, virtutem: Virtus, digni
tatem: Dignitas, potentiam, & Potentia, mi-
raculum efficit. Hoc iter vnicum ad perfectionem adeptæ philoſophiæ, cùm in diuinis, tum in naturalibus, à qua procul arcetur
& confunditur omne ſuperſtitioſum, præſti-
gioſum, atque diabolicum. Enimuero nihil
aliud, per adeptam philoſophiam intelligi
volumus, quam ſapientiam, phyſicarum,
& metaphyſicarum rerum intelligentiam,
quæ diuinarum & naturalium virtutũ ſcien-
tia conſtat. Harmoniam cœleſtem, non ma-
terialem, ſed ſpiritualem conſonantiam, nobis ſuſpiciendam, ſcias oportet, vbi numerus, ordo, menſuraq; per Ternarium in Vnita
tem conueniunt: ad quam cóſonantiam, inferiora noſtra omnia, ſunt conformanda. Fatuum eſt harmoniam arbitrari cœleſtem, ſtel
larum conſonantiam, cauſante motu, perce-
ptibilem auribus formare ſonum. Sed hanc
ſupergredi neceſſe, vt Ternàrio paretur aſcé-
ſus, ad eam quæ ſupercœleſtis eſt harmonia,
vbi nihil materiale, ſed ſpiritualia ſunt omnia. Inde menti, vnde etiam prouenit, aſſu-
menda ſimilitudo. Stellaris enim harmonia, nec mentem dedit, nec influxum eius.

Qui-

Quicumque conditionem cœleſtis harmo-
niæ notam obtineret, cùm præterita quæq;
tum futura cognoſceret. Quis autem dabitur ex milibus vnus, qui harmoniam hác intelligat cœleſtem? Ad ſupercœleſtem mens
nata eſt, cuius etiam ſimilitudine viuit. Aſtra
nihil intelligunt, nec ſentiunt quidem, vnde
nec ſapientiam menti noſtræ conferunt, neque aliquod in nos dominium habent, qui
per ſpiritum ambulamus, confitentes Domi
num Ieſum Chriſtum, omnia in ſua poteſta-
re habentem: ad cuius nos ſimilitudinē, pro
viribus, & quantùm licet nobis, oportet cō-
firmari. Ipſe enim eſt ſapientia Dei Patris,
ipſe eſt fons & origo ſcientiæ, ipſe eſt animi
Centrū, & per ipſum facta ſunt omnia. Mens
eſt libera, quæ nec ſtellis ſubijcitur, nec earū
influentias concipit, neq; motum ſequitur,
ſed ſupercœleſti principio, à quo, & facta
eſt, & fœcundatur ſolùm communicat, Finem cogitemus igitur quò tendimus, & prin
cipium amemus vnde ſumus. Profundorum
ſecretorum hæc eſt radix, & fundamentum
omnium creaturarum. Prima diuiſio naturalis, radicem ſcientiæ conſummatæ producit, cuius annotatio hæc eſt. Quatuor ſunt
matres eorum, quæ in ordine ſunt nouiſsi-
mo: & quatuor patres eorum quæ in principio. Horum nexus, & primùm connexum,
& vltimum ſimplex, purum, vnicum, ſolum,

omnia

ómnia tingit. Terra simplex elementum, purum, & primum, ab Vno procedens, nó componitur, nec mutatur, nó patitur cónexioné, sed manet quod est incorruptibile, & in vno consistit vnum, & non vnum, non est numerus & est numerus, non numeratur, & numeratur, inter ipsum & vnum non est numerus. In Vnitate manet vnum, & per cómplexum efficit Ternarium, quem octies complectés, mirabili natura, omnia reducit ad Vnum: virtus eius à nullo magistrorum explicari, per omnia potest. Non est ipsum quod cólimus Deus, creatum est enim. Animi hominis est imago, nec viua, nec mortua, per quá in omni scientia, mirabilis effectus fit. Amicè tibi dico, summa cum veritate Dei. Quicumque huius puræ simplicitatis, noticia simplici fuerit sublimatus, in omni scientia naturali consumatus erit, ac perficiet opera miranda, nec non stupendos inueniet effectus. Bonú simplex, vnicum est, & per ipsum, non solùm similia, sed etiam dissimilia multa fiunt. Terra composita, elementum natura purum, simplex & vnicum, sed quia compositum, necessario sit multiplex, varium & impurum, reducibile tamen, per ignem, in aquam, & ab ista, in ignem, & ab hoc in vnum simplex: & est numerus, & numeratur, & non est numerus, & non numeratur. Non numeratur, quia natura simplex, & accidente compositum.

pofitum.Ideo numerari non poteft,quia ante ipfum non eft numerus. Numeratur enim ab vnitate vnum, non abfolutum, fed inclufum,& dicitur vnum exclufum:vnum inclufum.vnumq́ue per vnum,ab vno,fcilicet, ab anima mundi,fitq; ternarius. Effe cum Vno vult naturaliter, vnum per fe potens, in vno impotens,in altero impotens, in fphera fem pervoluitur,in vnoquoque manet igne vnu, fed non fic imaginatur. Super ignem purificatum, ad fimplicitaté fuam congrua lotione reducitur: omnia myfteria fcientiæ profundæ operari poteft. Terra de compofito, elementum eft, & non eft elementum ,per quod Ternarius in Binarium reducitur,quatuor ab vno gradibus diftantem. Mira continet,varium & multiplex, corruptibile, tamé extra circulum Vnitatis non vagatur: huius cum Ternario, per Binarium in vno,fecretorum omnium,eft magifterium. Et quæcumque humanitùs adinuenta,mirabiliter conftant,eius poteftati fubiecta funt, ac poffunt operatione perfecta fieri. Obferuat numeru, gradum,& ordinem,quibus omnis operatio mirabiliu naturæ conftat.Miranda funt quæ facere poteft, & plura quàm creditur adimplere, quæ nec Deo iniuriam, nec maculam inferunt animæ: per ipfum operationes mirabiles fiunt:per ipfum humanaru adinuentionu plena cognitio poteft acquiri,nec non

effectina

effectiua quęuis operatio quibusuis in rebus
obscuris.   Quia virtus eius, intellectu procedens, non permittit operantem per tres
gradus errare. Discernit omnia quæ homines dicunt, Seduci minimè potest in errorę,
quæ per ipsum inchoata fuerit operatio.
Quicquid Astronomi, quicquid Mathemati-
ci, quicquid Adepti philosophi, quicquid
inuidi naturę persecutores Alchimistę, quicquid dęmonibus deteriores Necromantici
promittunt, discernere nouit, intelligere, re-
ctificare, inuenire, suisq; principijs aptata, sine malitia perficere, hoc ipsum elementum,
non elementum, per numerum à se remotū,
cum sibi coniuncto, in Vnitatem simpliciter
reductum. Sine huius medij, finis, & principij cognitione, per numeros, gradus & or-
diues, nec Adeptus philosophus, imagini-
bns virtutem daret sine crimine, vel absque
scelere dare posset, nec Alchimista naturam
imitari, neque hominum quispiam spiritus
compellere, nec futura vates naturæ prædi-
cere, nec vllus indagator curiosus, experi-
mentorum habere noticiam. Omnis igitur
operatio mirandorum, in limitibus naturæ
consistens, ab vnitate per Binarium in Ternarium descendit: non prius tamen, quàm à
Ternario, per ordinem graduum, in simplici
tatem consurgat. Nam si quatuor numerare
velis, non aliter quàm ab vno scis inchoan-
dum,

dum ad hunc nempe modum, vnum, duo,
tria, quatuor, quæ fimul fumpta, decem côfti
tuunt. Hæc omnis numeri perfecta confum
matio eft, quia fit inde regreffus ad vnum.
Quandoquidem vltra denarium, non eft numerus fimplex, vti videtur, vnum, duo, tria,
& quatuor, funt decem, & fine regreffu ad
vnitatem, numerus vlterius non progredi-
tur. Mirantur huius connexionis profunda
nefcientes, quibus principijs in operatione
mirandorum vtamur, falfo nos vel demonû
adiutorio, vel qualibet, contra fanctifsimam
fidem noftram Chriftianam , fuperftitione
inniti, opinantes. Nos autem hæc de nobis,
iudicantes , propter eorû quæ præmifimus
ignorantiam, non miramur. Quoniam, ficut
facra teftatur Scriptura, de interna cognitione Dei, quam nemo intelligit, nifi qui acci-
pit, nemo pariter his imbui vel vti poteft, nifi
diuino munere, lumen fingulare accipiat in-
telligentiæ, ex natura in naturam , fueritque
in eo cum lumine ignis, cum igne ventus, cû
vento poteftas, cum poteftate fciétia, & cum
fcientia fanæ mentis integritas . Notâdum
vtique tria principia in Adepta philofophia
naturali abftrufa, talia, vt fine ipfis, & eorum
noticia perfecta, nullum operatio confequitur effectum. Primum principium, in Vno
confiftit, non à quo, fed per quod omnis mirandorum naturalium virtus producitur in
effe;

effectum De quo diximus, purũ ab vno procedens non componi, nec mutari. Ad ipſum à ternario & quaternario, fit ad monadem progreſſus, vt compleatur Denarius. Per ipſum enim eſt numeri regreſſus ad vnum, & ſimul deſcenſus in quatuor, & aſcenſus in monadem. Impoſsibile eſt compleri Denarium, niſi per ipſum, quia Monas in triade læta cõuertitur. Omnes hoc principium, poſt Monadis principium ignorantes, nil in ternario proficiunt, nec ad ſacrum Quaternarium pertingunt. Nam etſi omnes Adeptę philoſophię libros habeant, curſus ſyderum, virtutes, poteſtates, operationes, & proprietates perfectè cognoſcant, ipſorumque imagines, annulos, ſigilla, & ſecretiſsima quæq; intelligant exactè, nullum tamen mirandorum conſequi poſſunt, in ſuis operationibus effectum, ſine huius principij ab initio cognitione, in principium. Vnde omnes quotquot vidi in Adepta philoſophia naturali operantes, aut nihil conſecutos, aut ad vana, friuola, & ſuperſtitioſa, poſt longam & inutilem operationẽ, in deſperationem prolapſos fuiſſe. Principium verò ſecundum, ordine non, dignitate tamen ſeparatum à primo, quod vnum exiſtens, facit ternarium, eſt id quod operatur miranda per binarium : in vno eſt enim vnum, & non eſt vnum: eſt ſimplex, & in quaternario componitur, quo pu-

H

rificato per ignem, in sole, aqua pura egredi-
tur: & ipsum ad suam simplicitatem reuer-
sum, complementum operanti ministrabit
occultorum. Hic est centrum Adeptæ philosophiæ naturalis, cuius circunferentia sibi
vnita, circulum repræsentat:immensus est or
do hic in infinitum. Virtus eius super omnia
purificata, & simplex, omnibus minor, quaternario super gradum composita. Quaternarius autem pythagoricus numerus, ternario suffultus, si ordinem gradumq; obseruat,
purificatur:purus in Vno, ad binarium in ter
nario, miranda, & occulta naturæ, potest o-
perari. Hic est Quaternarius, in cuius mensura, ternarius binario coniunctus in vno,
cuncta facit, quæ mirabiliter facit. Ternarius enim numerus, ad Vnitatem reductus,
per aspectum, omnia in se continet, ac ea quę
vult, potest. Principium tertium, per se non
est principium, sed in binario:inter ipsum &
hunc, est finis omnis scientiæ, & artis mysti-
cæ:infallibile medij Centrum : & in alio facilius non, quàm in ipso cotingit errare. Pau-
cifsimi siquidé viuunt in terris, qui profunda
huius intelligant arcani:varium est, compositum, & per septenarium, in ternariu octies
multiplicatum, confurgens, manens fixum.
In ipso est consummatio numeri, graduum,
& ordinis, per quod omnes philosophi, occultorum naturæ, Dei veri inquisitores, mi-
                                      rabiles

rabiles effectus consecuti sunt: per ipsum, ad
simplex elementum, in ternario reductum,
subito fiunt curæ infirmorum valde mira-
culosæ, & naturaliter, omnium ægritudinum, opusque hoc, in Adepta philosophia
naturali, & supernaturali, operantis, con-
sequitur effectum. Fugiunt hinc dæmones,
iuxta dispositionem quaternarii: prædictio
futurorum, per ipsum verificatur: occultó-
rumque insinuatio, non aliunde quàm per
ipsum, à natura percipitur. Hoc vnico
medico naturæ secretum aperitur alchimistis, sine quo, nec intellectus artis acquiritur,
nec operationis effectus inuenitur. Errant
crede mihi, errant omnes, qui sine tribus his
principijs quicquam operari, in occultis naturæ scientijs, se posse confidunt. Maior autem causa sui erroris est, quòd sapientes ó-
lim, secretis imbuti naturæ, hæc, vel penitus
subticuerût, vel nimijs obscuritatibus inuol-
uerunt, vt non nisi à sibi similibus intelligi
verè queant. Secreta est huius institutionis
philosophia, atque cœlestis, in qua si quis in-
telligerè ac scire veri quid optat, hominis tumultus fugiat, oportet. Mundû deserat, cœlum non oculis tantùm, sed mente contem-
pletur etiam. Spiritus Dei vbi vult spirat,
quem vult illuminat, quemque suo numine
obumbrarit, in omnem veritatis cognitioné
inducet. Qui acceperit, gratias agat Domino

Deo, ſtudeat operis boni fructibus correſpõ-
dere, ſeque à Deo recognoſcat accepiſſe, tũ-
demum nõ inueniet vnde ſuperbiat. Ille au-
rem, cui ſcire ſublimia hæc donatum non
fuerit, aut ſocordiam ſuam intellegat, quòd
non laborarit, vt ſciret, aut miſericordiam
Creatoris collaudet, quà in vtilitaté ſui voluit eum, impedimenta non cognoſcere: aut
ſi non acquiſierit, Deum non extitiſſe ſibi de-
bitoré donationis fateatur, & nõ ideomur-
muret. Amicus es, amicum tibi præbentem
conſilium audi, intelliges factum, & propin-
quorum victor, ignem inuidiæ, non aerem
pedibus calca. Leuitas mortalium minatur
periculum, ob odium conceptum aduerſum
immortalem Deum. Fuge ſynodum omnium per hominem, non hominum, etiam
cœleſtiũ. In nidulo hyrundinũ ſalus tua, periculum gallinarum. Velum à vento raptũ, p̃
ſequeris, fatigaberis in ſeptenario, ſed per
ternariũ in vnitate rurſum cõſurges, & fœlix
eris, Si operationes tuas à ſole quæris, quem
tibi natura videtur abſcondere, à cunctis
ad verum ſolem, qui Deus eſt, per ſtudium
cognitionis, purificata ab inferioribus mente, in deſiderio animæ, feruoreq; ſanctiſsimi
amoris, te ſucceſsiue conuertas. Quia diuini
amoris ars longa, tempus autem breue eſt:
præſtat igitur Creatorem potiùs, quàm crea-
turã in veritate ſemper diligere. Sunt homini
in

in Adepta philofophia, cùm ftudere, tum o-
perari cum vtilitate cupienti,neceffaria quæ
fequuntur.Inprimis, vt à natura fit ad artem
hanc,non folùm inclinatus,fed etiam difpo-
fitus, vel faltem præceptoris magifterio di-
fponibilis,per rectificationem, à ternario in
vnitaté, per binarium diuifum. Quod apertiùs explanare literis nequaquam valeo, fer-
mone verò poffum, non etiam omnibus, at
folùm ijs,quos intelligentia perluftrauit. Se
cundo linguæ fufficientem habere noticiam
oportet,vt vulgaris non capiat,tantam maie
ftatem fcientiæ huius Adeptæphilofophiæ
naturalis. Sed & fundamétum inftitutionis
Aftronomicæ, nofce valde neceffarium,aut
faltem pro voto, quemquam habere amicū
qui fciat. Tertiò,neceffum eft, librorum habere copiam,in hac fcientia, idque emenda-
torum, quos reperire paucifsimos cótingit,
aut præ manibus adfit qui vitia pofsit eiufmodi librorum emendare,non autem auge-
re.Quartò præceptor in arte doctifsimus, &
expertifsimus neceffarius eft. Quandoquidem,ifta fcientia tantis eft inuoluta myfterijs, vt fine doctore pertifsimo, non pofsit
apprehendi:ni tamen Deus omnipotens,
fingulari dono gratiæ, mentem illuminare
velit,quod rarifsimè fieri confueuit. Quintò
necefle eft,vt vniuerfi totius diuifioné fciat,
fuperiorum & inferiorum, ab vno vfque in

quaternarium, in ternario quiescentem, ac
noscat ordinem descensus, & ascensus, gradum, numerum, inflexum & reflexum, esse,
& non esse, in vnum, & tria: & hoc scire diffi-
cillimū est, quia omnis mirandorū effectuū
radix, quocumque modo fiant, in Adepta
philosophia, tam naturali, quàm supernaturali, huius principij fundamento innititur.
Quocirca, omnis qui hunc ordinem appre-
henderit, ipsum quoque modum intellexe-
rit, perfectè consummatus erit, in omni scie
tia profundę Adeptę philosophię, mirādosq;
suis in operationibus consequetur effectus.
Sed quòd ista scire nimiùm difficile, paucissi
mi cū fructu quopiā operantur, plurimi verò
frustra labores suos impēdūt in Adepta philosophia. Sextò, modū viuendi conuenien-
tem arti sciat, oportet, ordinemq; debitum
operandi, temporis horam, opus & operis
dominium, id est planetam, locum aptum,
formam, materiam, & huius commixtioné,
purum, & impurum, simplex, & compositū,
simile, diuersum, nexumque coniunctorum,
praeterea suæ ipsius animæ mensuram, virtutem, & bonitatem in potentia eundi. Se-
ptimò, vt sciat sub cuius planetæ dominio,
spiritus horæ diei, ac temporis, quælibet res
mundi sit, iuxta substantiam, accidés, & præsertim effectum, per quem operatur. Inferiora enim superioribus subiecta sunt, & sola si-

la similitudine, quæ substantia, accidente, po
tentia, virtute, numero, gradu, ac proprietate
constat, per applicationem vnius ad aliud,
modoq; in arte firmato, mirandorū in Adepta philosophia naturali, fit vtilis operatio.
Octauò, necessum est operantem in Adepta
philosophia, præcise intelligere ac scire, omnem intelligentiarum proprietatem, ordinem, gradus, loca, siue locationes, nomina,
verba, officia, & opera, qua ratione se ad ex-
trema habeant, in ordine, & quomodo per
ista sit operandum in qualibet vniuersali in-
tentione: aut primùm necessaria scienria est,
per quam certò perficiuntur, eo modo quo
caro, ne putrescat, sale conseruatur. Nonò, in
his quæ solus perficere non potest, socios ha
beat, aut natura dignos, vel institutione di-
gnificatos: etenim sociorum indignitas, ope
rationis effectum impedit in omnibus operationibus Adeptæ philosophiæ, tam naturalis, quam supernaturalis, &c. Decimò, o-
portet operátem in Adepta philosophia, fir-
mum esse confidentia, & de consecutione effectus nullatenus hæsitare: non tamen ob id
quòd incredulitas aliquid in his conducat,
sed quia hæsitatio, firmitatem, & constan-
tiam animæ frangit operantis, ac debilem
reddit, per medium in extremum, sine cuius
virtute constante, stabiliq;, non fit, à superioribus influxus optatus. Vndecimò, volen-

tem in Adepta philofophia naturali, cum
aliquo fructu operari, vt omnia fecretifsimè
conferuet, nemini reuelet ftatum operationis vtilem , aut non , neque fuam volunta-
tem, non artem ipfam, neq; tempus, nifi pre-
ceptori fuo vel difcipulo. Quia fcientia hęc
publicū fugit omne , & diuulgata, rarò fuos
praebet effectus. Cùm finis fcientiae fpecu-
latiuae fit veritas , & operis practicae: tantum
fcimus in ea, quantum ex cognitione omni-
potentis Dei concipimus, qui folus eft veritas. Tantum etiam cognofcimus, quantum
diligimus. Scientia enim vera & falutaris,
Dei parit cognitionem : Cognitio, amorem:
Amor, frequentiam: Frequentia, familiarita-
tem : Familiaritas, fiduciam : Fiducia, quidé,
omnium quae poftulaueris à Domino Iefu,
facilem impetrationem. Scientia quippe,
virtutis cultum praecedit, quia nemo poteft
fideliter appetere quod ignorat. Cognitio
veri, & amor recti, certifsimum ad foelicitaté
parant introitum, Praecedit autem, ficuti antea diximus, amoré cognitio, cùm nemo pof
fit amare verè, quod prorfus ignorat. Propterea D. Iefus Chriftus in Euangelio patri
dicit. Haec eft vita aeterna vt cognofcant te
folum Deum , & quem mififti Iefum Chriftum. Quidnam aliud eft illa fupercoeleftis
beatorum fpirituū amoenitatis fruitio, quàm
diuinae Maieftatis cognitio & amor. Salu-
taris

garis enim ſcientiæ cognitio, annexum ſibi
habet amorem. Nó poteſt mens intellectua-
lis, ſempiternæ friutionis habere conſortiũ,
ſi aut cognitio fuerit ſine amore, aut amor ſine cognitione. Dęmones quidem cognoſcunt, ſed quia carent amore, ad fruitionem
(quæ ex vtroque, & non ex altero ſolo naſci-
tur) minimè pertingunt. Amorem vnius ſum
mæ veritatis, philoſophi Gentiles, quidam,
& extra Chriſtianiſmum poſiti, nónulli, adhuc habere hodie videntur, ſed quia non cognoſcunt Patrem vniuerſitatis, ſolum verum
Deum, & quem miſit D. Ieſum Chriſtum, in
ſuis cogitationibus euanuerunt, vt ad fruitionem ſummæ veritatis bonitatiſq; nequaquam peruenerint. Dicit enim D. noſter
Seruator Ieſus, de his qui non cognoſcunt
eum in hunc mundum veniſſe, per fidem in
Euangelio: Qui non credit, iam iudicatus
eſt. Vera enim cognitio ex fide eſt, & amor ex
cognitione. Quicumq; ergo fidem non habet, caret etiam cognitione: qui hanc non ha
bet, nec amorem: & qui caret iſto, fruitioné
habere haudquaquam poteſt. Hoc ipſum,
Dominus noſter Ieſus Chriſtus, aſcenſurus
in Cœlum, ſuis diſcipulis reuelauit, inquiés:
Euntes in vniuerſum mundum, prædicate
Euangelium omni creaturæ: Qui crediderit,
& baptizatus fuerit, ſaluus erit, qui verò non
crediderit, condemnabitur. Hæc eſt ſcien-

H 5

tia vera, quæ scientem compunctione, & a-
more plurimùm afficit, non extollit, non su-
perbientes, quos impleuerit, sed gemétes fa-
cit.iuxta illud Sapientis: Qui addit scientiá,
addit & dolores, quòd in multa sciétia, multa pariter insit indignatio. Magna verò nobis puritate, & sanctitate est opus, vt veræ
sapientiæ fructus, cum beatissimis apostolis
Christi, in æterna foelicitate valeamus obti-
nere. Deus noster sanctus est, nos autem pec
catores & immundi. Cùm ergo, inter dissimilia non fiat vnio, quomodo fiet inter Deũ
& nos concordia? Audiamus Diuum Augu-
stinum: Nullus inquit, sanctus & iustus caret peccato, nec propterea sinit esse iustus &
sanctus, cùm teneat affectu sanctitatem.Dicit
enim Scriptura:Septies in die cadit iustus,&
resurget, impij autem corruent in malum. Si
cadit (inquit) Hieronimus, quomodo iustus, & si iustus, quomodo cadit? Sed iusti vo
cabulo non priuatur, qui pœnitentia ductus
tractusq́; semper surgit. Non solùm septies,
at septuagesies septies delinquenti, si conuer
tatur ad pœnitentiam, peccata donantur.Nó
saluabit eum gratia, cuius voluntas otiosa
fuerit. Impossibile siquidem est non saluari
bonam voluntatem.Etenim Dei donum est,
quoniam nec velle bonum, neq; exequi, sine
gratia Dei nemo potest, qui seruare semper
volentem, est paratissimus. Quemadmodum

dum ad folem conuerfus lunæ globus, hic, il
lius fplendore fit lucidus lumineque reple-
tur, idq; magis, quò factus ex diametro cófpi
cuus magis, eo luftrior euadit. Si terræ corpus interueniat, eclipfim luna patitur, & te-
nebris obfufcatur oppleturque. Non alitet
mens noftra, ad Deum per boná volútatem,
& interni defiderium amoris conuerfa, pul-
cherrimis, dulcifimifq; gratiarũ illuftratio-
nibus perfunditur, & in fancto fpeculationis
acumine mirificè corroboratur. Mox autem,
vt peccati nubes interceferit, lumen hoc etfi tamen indeficiens in fe ipfo, à fubiecto ni
hilominus tenebrofo abfconditur. Præoc-
cupatum nanque fæcularibus, fiue carnali-
bus defiderijs animum, gratia Dei haudquaquam illuftrat. Mifceri quidem vana veris
minimè poffunt, æterna caducis, fpiritualia
carnalibús, ima fummis, impura fanctifsimis
cœleftia terreftribus, vt pariter mens fapiat,
quæ fuperius in cœlis, & quæ fupra terram
funt. Vt mens vtique reformetur ab inuerfa
natura, Deum precemur, vt ipfa fiat vnum in
amore, & cognitione vnius fummi boni, Patris, & Filij, & fpiritus fancti, gratiam affecu-
ta principij, à quo, multitudine labitur, & v-
nitate ad ipfum reformatur: ternarium pro
viribus ad vnitatem reducendo, mentemq;
fibi reftituendo, quò purior intellectus ad
metas principij iure propofitas perueniat.

Verùm

Verùm enimuero, medium dispositiònis habetur, quod & Dei donum est, hoc enim corporis obscuritates tolli possunt, ac impedimenta, quæ mentem remorantur, ne perueniat, quò desiderio trahitur, & ratio vera tè-
dit: hoc etiam addere minime pigebit. Hermes Trismegistus, Adeptæ philosophiæ naturalis doctor, præ cunctis excellentissimus,
ait. Verum sine mendacio, certum, & vnitatis cognatione verissimum. Quod est superius, est sicut id quod est inferius, & quod est
inferius, est sicut id quod est superius, quia
solis vnitatibus constat omnis numerus, ad
perpetrãda miracula vnius rei multa. Nóne
res omnes, ab vnitate fluunt, bonitate vnius?
Diuersum nihil vnitati coniungi potest, sed
simile, vt simplicitate vnius aptationeque
fructum faciat. Quid ex vnitate nascitur a-
liud, quàm ipse ternarius. Vnarius est simplex, binarius compositus, & Ternarius, ad
vnitatis simplicitatem reducibilis. Pater eius
est Sol, mater verò Luna. Portauit semen in
vtero ventus. Terra nutrix. Pater omnis perfectionis totius mũdi, hic est. Virtus eius integra & immensa, si versum fuerit in terram.
Separabis terram ab igne, spissum à subtili.
Et ternarius iam sibi redditus, cum ingenio,
& suauitate magna, à terra conscendit in cœlum. Et iterum virtute ac pulchritudine de-
coratus, reuertetur ad terram. Et sic recipit

                •   vim

vim superiorem, & inferiorem. Eritque iam
potens , & gloriosum in claritate vnitatis,
omnem aptum producere numerū, & fugiet
omnis obscuritas. Hæc est vera præ cunctis
alijs ars, & scientia, christiano homini maximè necessaria. Vniuersa enim studia mortalium, quæ nó fuerint, ad charitatem directa,
prorsus vana sunt, & omni virò christiano
contemnenda. Curandum igitur nobis, vt
mens nostra, propriæ salutis non immemor,
nunquam studijs mundanis inhæreat, solùm
vtatur in communem vsum ad necessitatem,
non assiduè: tandem ad ea quæ per verum
amorem in cognitionem Dei ducunt, redeū-
dum. Omnis ars quæ diuinæ scientiæ non
cohæret, quantumcumq; celebris, non diu-
tiùs permanet in homine, quàm vnà cum ratione vita. Quærenda est igitur scientia, quę
post mortem etiam permanet: ea ipsa est, ex
qua cæteræ omnes, etiam ad vsum præsen-
tis vitæ necessariæ, suam originem & incrementum habere debent, & ad ipsam confor-
mari. Videndum igitur, quo ordine, quo studio, quoque fine quodq; scire oporteat : Primo videlicet ordine ad salutem animæ: Se
cundo studio nempe, ad amorem diuinum:
Tertio verò fine videlicet, ad gloriam Dei so
lam, & vtilitatem proximi . Non est vna &
eadem, omnium ad scientiam & sapientiam
properantium, intentio, nec finis vnus. Nonnulli

nulli scire cupiunt, ad explendam curiosita-
tem : alij quidem ad quæstum: alij ad ambi-
tionem honorum, & dignitatum : quos omnes in reprobum sensum agi, & in varios errores necessum est. Quicumq; verò scire desiderant, vt sese necnonproximos in amore
Christi ædificare valeant, ad finem charitatis
exercendę suos labores dirigūt, quorum fructus, vbi vita doctrinæ corresponderit, æterna fœlicitas. Hos enim errare suis in opera-
tionib. est impossibile. Quapropter videant
quotquot ad hæc studia animum applicant,
ne illotis accedant manibus & non purgata
conscientia, aliter & aerem verberare, & maximam ignominiam, dispendium, & vitæ pe
riculum incurrere continget. Qui vero hanc
sacratissimam philosophiam adepti fuerint,
ex Deo, caueant ne panem filiorum, canibus
tradant, quod si faciant, indignationem Al-
tissimi vindicis incursuros se certo certius
est quod credant. Videamus quid Libanius
Io. Tritemio suo discipulo, hac de re ipsum
admonens, scripsit. Silentio (inquit) anacri-
sim serua, & ante tempus noli columbam e-
mittere, Pœnos linque mendaces, vt sero intelligant quid bonū, Caue Tritemi, ne solis
radios cauernis inducas, quoniam pernicio-
si dracones. Aerem sublimiorem, non nisi se-
mel abscondas in terram. Bobus & capris nō
porrigas panem tuum, nec spiritum per ia-
nuas

ñuas minores emittas.Vnus esto tecū,& caue ne solus, Omné fugito multitudiné,quia
vnum est omnia, & sine vno est nihil. Manu
cæcum ne ducas sed baculo tantùm.Aquam
vino non misceas,nec sit in mensa tua panis
duplex. Aues in sole non nutrias,sed in vm-
bra.& canibus non ostendas vitrum,aut spe-
culū,quia periculosum est. Vmbram ne ver-
beres,quoniam ad iniuriam sit solis. Formi-
cis vtere,si auium captu forsitan delectaris.
Lucem in aqua diuide, ne congelata stride-
scat.Cui discipulus respódit,Bobus & capris
fœnum substraxisse,magnumque sibi cum si-
mijs bellum esse, verum victorem se tandem
euasisse.Tantoque liberiorem viuere, quantò rebus mundi pauperior. Hæc sunt moni-
ta placitaq; filiorum Adeptæ philosophiæ,
quibus inhibent,ne margaritæ seminentur
ante porcos.Interim si quid abditorum arcanorū habent,soli Deo,quicquid sit, hoc omne ferūt acceptū, dignisq; filijs cómunicant,
quos hortantur amicè,vt memores sint non
sibi, sed Deo, Deiq; filijs viuere,ac eidé gratias immortales agere,Patri,Filio,& Spiritui
    Sancto, vni Deo, cui sit laus, honor,
        & gloria perennis.

            Finis.

ANATOMIA
CORPORVM
ADHVC VI-
VENTIVM.

Qua docet Theophraſtus Paracelſus veræ Medicinæ Philoſophiæque, Doctor excellentiſsimus, ante mortem ægris,
eſſe conſulendum, poſt quam ſero
Medicina paratur.

Ad benignum lectorem.

Est quòd scias amicè frater nõnullos esse homines, qui cũ ambitioni, tũ (quod fœdissimum est) quæstus gratia, Theophrastum Paracelsum, nostrum præceptorem priuare suis honoribus, atque laboribus non verentur, temerè sibi libros eius attribuentes, quos quouis modo, vel astutia corraserunt ab his, qui detinebant eos abhuc manu scriptos, & nondum in lucem editos. Verùm non considerant miseri, nullum vitium tam occultum esse, aut vnquam æquè astutè posse fieri, quin erumpat suo tempore. Putant ne, huius viri discipulos quandoque fucum eiusmodi cognituros, cùm, & phrasim, licet immutatam, etiam à sua prosa in versus, aut quomodocumq̃ laruatã, & modum tractandi, ac vocabula (quæ mutari nequeunt) & alia hoc in Autore notabilia facilimè detegant? Faciant ac moliantur quod possint, ex voto nunquam eis genus hoc malitiæ succedet, nec eos protegere poterit, quin tantam inde reportent ignominiam, quantã vanitatis suæ gloriam venati, quæsierunt. Satis sibi cognoscant ex eo contingere, si multas hac via corradant opes, Autori tamen relinquant honorem debitum, emittentes eius nomine, cuius etiã in

du-

dustria ac diligentia comparata sunt. Admonitos
igitur eiusmodi farinæ homines velimus, vt inpo-
sterum, ab hoc edendi studio abstineant, aut sane
qnod nollent audire cogentur, aut luculentius
palam fieri hominibus: Si negent, extant eorum
opera, quæ sua facta produt, si conferantur cu eis,
quæ hactenus edita sunt sub nomine proprij auto-
ris. Videantur quæso, quæ de Anatomia duplici,
videlicet, locali, & essata habentur à Paracelso,
tandem iudicium fiat, cuius hæc sit corporum ana
tomia viuorum, sic de cæteris. Interim vale, &
æqui bonique lector optime nostros labores, in tui
gratiam libenter susceptos, consule.

P Riusquam de viuorum corporũ Anatomia tractemus, instrumenta quæ ad hanc artem veniunt in vsum proponemus, vti sunt Mẽsurę, bilanx, pondera, vasa, fornaces, & id genus alia quęque, suo loco ad oculum depicta.

De mensuris.

Vasculum quoddam stanneum, vel argenteũ, iustæ capacitatis, quod pharmacopolicæ mensuræ quartam partem contineat, habeatur. Vrina, quam capit omnino plenum, effusa in vasculum appensum bilanci, præcise pendat vncias octo, idque tales vt in posterũ dicetur. At si patientis vrina paucior esset, quàm vt hanc mensuram impleret, aliud vas minoris capacitatis ac mediæ sit in promptu, pondúsque medium vrinæ, quatuor vnciarum, videlicet, examinetur.

Alia mensura lignea, lineari forma, plana, vel quadrata est opus, quę in viginti quatuor partes æquales diuisa per lineas, integra tamen sextam partem longitudinis humani corporis optimè proportionati, metiatur. Ad hunc modum intelligendum, vt ea mensura lignea, sexies repetita altitudinem hominis efficiat. Considerandũ eam esse pedalem, & pollicum viginti quatuor, vt homo noster anatomicus, altitudinem pedum eiusmodi sex habeat, & pollices centum &
quadra-

quadraginta quatuor. Notandum interea cu
riosis, quemlibet pollicem in minutias sub-
diuidi posse.

De bilance.

BRachia lancis fabrefieri debent, ex cupro vel argento, non ex ferro, propter
æruginem, quam istud ex vrinæ corrosiua
qualitate, facilius concipere posset, eàque
ratione diminutis brachijs eiusmodi, bilanx
in æqualis redderetur: vasa vtrinque appen-
sa, vitrea sint, eo respectu, qué allegauimus.
Suspendantur funiculis pilo contextis, vt
minùs, cùm humorem imbibant, tum etiam,
non æquè cito putrescant.

De ponderibus.

POndera sint cuprea, in formam eorum,
quibus aurum & argentum lancibus
committuntur. Triplicia sint, vtpote maxima, media, & minora. Pondera maxima conueniunt vrinæ Mercuriali ponderandæ: minima Salinæ: media vero Sulphureæ. Me-
diũ hoc pondus, æquale sit illi, quod ad aurum venit in vsum: etenim homo comparan-
dus auro, per sympathiá quandá, quá habet
cũ eo: quequidem similitudo ex philosophia
naturali debet intelligi. Drachma ponderis,
ad sulphur nostrum physicum, 60. grana pon
deris aurei, pendere debet. Drachma physici
Mercurij nostri, 62. grana similia. Drachma

verò falis noftri phyfici, tantùm 58. granâ pa-
ria. Fabricatis drchmis primorum naturaliũ,
cuique fuis, facilè fuerit vncias etiam, cuiq;
fuas afsignare, cuilibet vnciæ videlicet drach
mas octo, ac tales quæ fibi contingunt. Quo
peracto, poft quamlibet drachmam, alia minora pondera fuccedunt, quorum vndecimũ
quodque, fit 55. granorum, decimum 50. nonum 45. octauũ 40. feptimum 35. feptum 30.
quintum 15. quartum 8. tertium 4. fecundũ
2. primum vero 1. granum aurei ponderis.
Mafsulæ ponderum notentur, quælibet fuo numero, quo co-
gnofci queant.

De

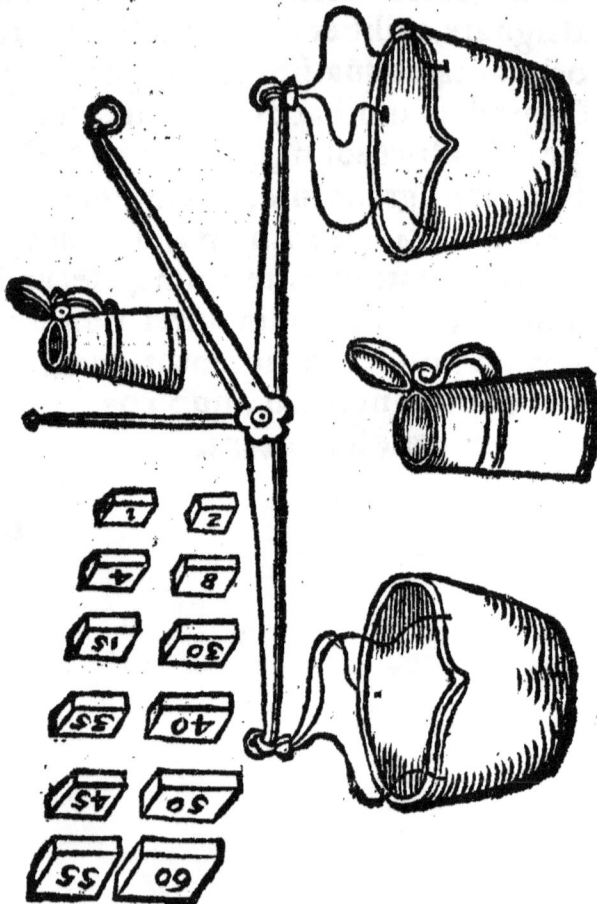

De vase deſtillatorio ad urinam.

Pro longitudine linearis menſuræ, vås conflatum habeatur ex vitro albo, ve‑

neto, claro, ac optimè tranſparente, cum ſimili galea ſua roſtrata. Sit eiuſdem vaſis altitudo menſuræ lineari prorſum æqualis, videlicet pollicum 24. & latitudo per diametrum quatuor pollicum, vt ſit pro ſexta longitudinis parte, latum: hac ratione vas noſtrum, ad proportionem humani corporis
erit coaptatum. Intelligendum vtique noſtrum homunculum ſpagiricum & anatomi-
cum, vaſe noſtro concludi, qui occultus in v-
r na ſua, ſit manifeſtus, anatomia noſtra vera,
noſtróq; igne, qui nouaculæ vices nobis, &
barbitonſoris chimiſtici, hoc loco perbellè
ſupplet. Galea noſtri vaſis cum roſtro ſuo,
nobis præfigurat, caput, naſum, & collum a-
natomici noſtri homunculi. Corpus vaſis
ſub galea, corpus homunculi concludit, cui
linearem menſuram applicamus, vt regio
nes viui corporis omnes, diſcernere poſsi-
mus, & ſuccuramus viuo corpori, ſi qui
dem quod mortuum eſt, non indiget vlla medicina.

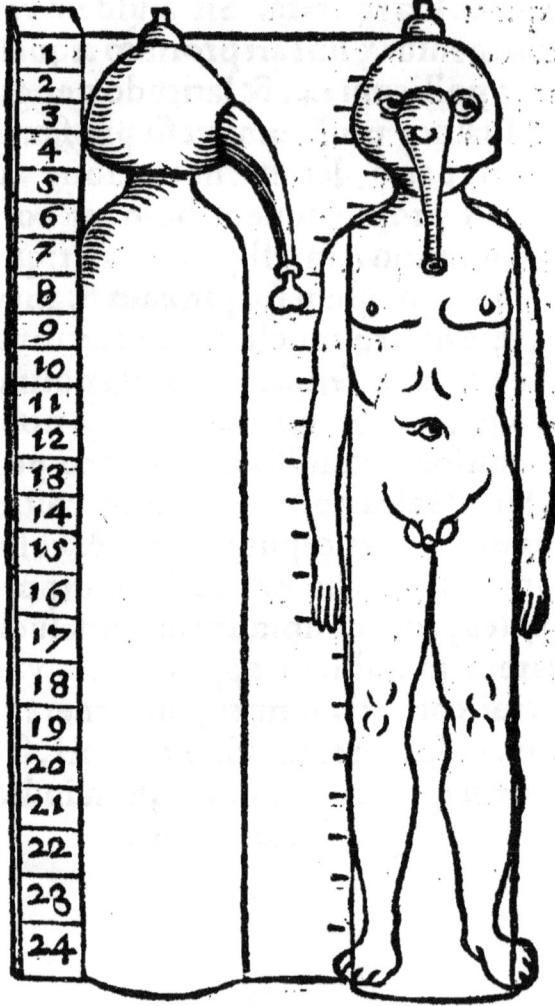

De fornace anatomica.

NOn abſimili ratione , noſtræ fornacis
proportio, correſpondeat præcedenti.

bus, vt corporis eius altitudo sit pollicum vi
ginti quatuor intrinsecus. Partienda venit
in tres concamerationes, quarum quælibet
alta sit pollicibus octo, lataque viginti quatuor, & fundum triplicè habeat, diuersimo-
de quemlibet perforatum. Infimus forami-
ne dehiscat, pro semidiametro, vt quartam
areæ sui fundi partem occupet. Medius per-
foretur sex oribus æqualiter distantibus, vt
inter vnum & alterum, interuallum sit patu-
lis foraminibus æquale, quorum diameter,
quartam diametri, magni foraminis infimi
fundi habebit. Ratione hac geometrica com
perietur, sex foramina superiora, proportionem ad infimum habere super sesquialterà.
Vnde colligitur, ignem primi gradus, fore
trium octauarum linearis mensuræ, corre-
spondentium nouem pollicibus eiusdem:
secundi gradus ignem futurum, quartarum
trium, ac pollicum octodecim : tertij gradus
ignis, erit viginti septem pollicum : & quar-
ti, sex & tringinta, quæ similiter proportionem habent ad duodecim pollices infimi
diametri, supertriplam, & ad linearem mensuram, super sesquialteram, non aliter quàm
superiora foramina sunt ad infimum propa-
tula. Aliam proportionem quære, quam voles ' vt æquatam superiorum quatuor fora
minum, ad inferius, cuius semidiameter, integrum diametrum vniuscuiusq; superiorũ

effi-

efficiat: quo fiet vt apertis omnino fuperiori
bus, eorum,& inferioris patentia fit ęqualis.
Animaduertendum præterea, medium fundum eiufmodi fornacis, effe debere duplum,
& fupernum volubilem fuo manubrio, quo
fuperiora foramina gradatim aperiri, claudi-
que valeant, pro quarta fui parte, media, tribus quartis, ac prorfum: eoq; regimine calor
ignis augeri pofsit, vel minui quoties opus
fuerit. Capella continens arenam, & in ea
vas deftillatorium, ex cupro fabricanda eft,
in formam martialis galeæ acuminatæ belli-
cæ, quæ fuper cufpidem fit volubilis, vnà cū
vafe vitreo. Hoc artificio quidem, vt cuprea
pariter menfura linearis, in 20. pollices æqua
liter diuifa, figatur ab vna parte cooperculi
cupellæ, cuprei fimiliter, & quæ fuperius in-
curuata galeam vafis erectam fuftentet: ex al
tera parte, candelabrum cupreum etiam coperculo infixum effe debet, quo portetur vas
receptorium, cum cupella volubile. Cæterū
turris lateralis carbonibus impleta, ac fuperius occlufa fit, quæ fpiraculum habeat in
fornace, per quod accenfi carbones i-
gné excitent vt pro tua experientia, videbis expedire.

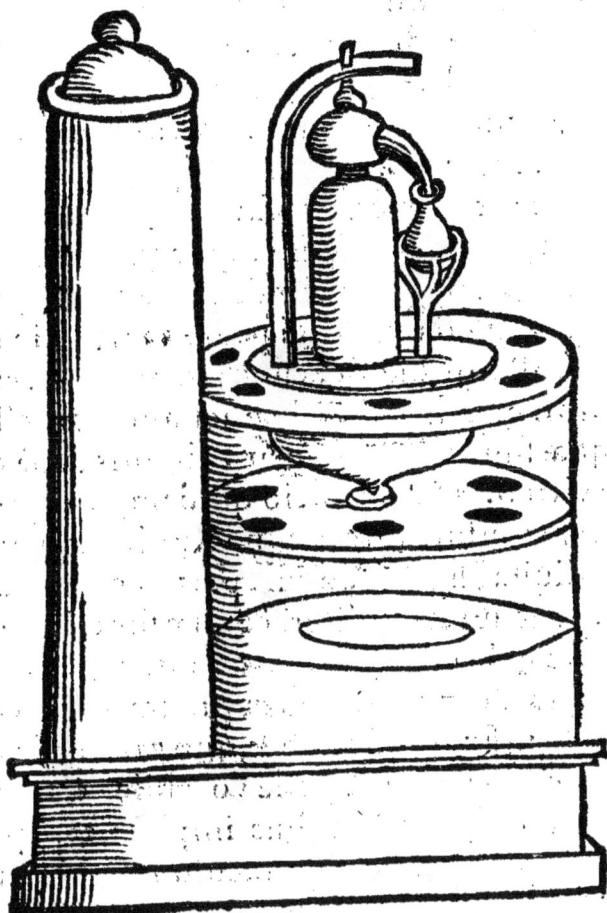

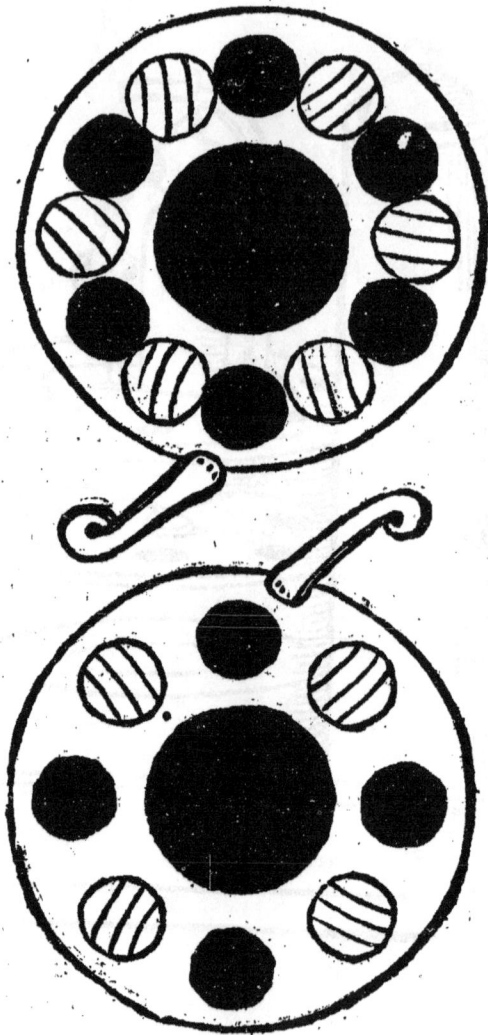

De urinarum receptione.

STatim atq; patiens vrinam emiferit, vaſi vitreo vel lapideo concludatur optimè, ne re-

ne refpiret: abftinendum à vafis, ex alia materia compactis, ne qualitatem externam, v-
rinæ concipiant. Poftquam medicus recepe-
rit, vas admoueat igni, claufumque maneat,
quo calorem eûdem accipiat, quem habuit,
eo tempore, dû emitteretur è vafe naturali.
Tandem conquaffationibus perturbetur, &
permifceatur fuis fecibus. Quo facto quiefcat, femper vafe claufo, ne forte propter com-
motiones, fubtiliores fpiritus abeant. Poftmodum aperiatur vas vbi fedata fuerit vrina, cumq́; fuis fecibus effundatur in vas ftan-
neum ad fummitatem, vt primum à pondere
fumatur iudicium. Si contingat vrinam præ-
cifè vncias octo pendere, bonum omen fuerit, vtputa morbum effe valde curabilem, tan-
to melius, quantò propinquius ad pondus
iftud accefferit. Item quantò minus pendet,
afsignato pondere, tantò magis ad fulphur
morbum accedere iudicandum eft: & quò
plus pendet vncijs octo fupra mentionatis,
eò magis morbus mercurialis erit pronun-
ciandus. Verùm vbi valde minùs vncijs octo
pependerit, magifq́; ad feptem accefferit, in-
fra potiùs, morbum ex fale prouenifle pu-
tandum, quia hoc cæteris duobus primis eft
leuius.

Si turbidam eófpicias vrinam ac fpiffam,
certo iudicabitur, morbum radicem in fanguine fixiffe, & in corpore, idq; tantò vehe-
mentius

mentius, quantò, magis hypoſtatica fuerit.

Si patiens maximis doloribus aggrauetur, nihilominus, vrina iuſtum pódus vnciarum octo preciſè habeat, indicium eſto morbum in ſanguine minimè ſitum eſſe, verum in neruis potius, muſculis, medullis, alijſque partibus corporis, iuxta ſigna quæ ſuccedent inter examinandum. Ab eodem indicio iam dicto, morbus ex ſale iudicari poteſt.

Abſolutis iudicijs à pódere ſumptis (quibus nó ita pertinaciter inſiſtédum, quin confirmetur opinio ſuccedentibus alijs indicijs; euacuanda eſt vrina in alteram ampullam ſtaticuli. Verùm priuſquam id fiat, ampullæ madefiant ambæ, vrina hac eadem quæ ſuperfuit, poſt repletionem menſuræ, vt iuſtú ſeruetur pondus, vbi ex ampulla, in vas deſtillatorium effundetur, nam ſemper adhæret liquor ſpondilibus & concauitati vaſorum euacuatorum. Per infundibilú vitreum oblongum ad fundum cucurbitæ ferè pertingens, infundatur, quoquidem euitetur, ne ſpondilia vaſis, altiùs madefiant, quam altitudo liquoris & vrinę aſſurgat in dicto vaſe. Quo facto mox ſuperponatur galea, commiſſuræéque lutentur optimè ne reſpirent, roſtrum eius obturetur epiſtomiolo quopiam ligneo. Ponatur vitrum hoc deſtillatorium, ad hunc modum præparatum, in foratum lignum præciſè in eum vſum excauatú

vt

vt aliquantifper in eo confiftens, quiefcat,
perpendiculari fitu, ne aliqua ex parte propé
deat. Intereà notanda figna quęlibet apparé
tia, dum fubfidunt feces, vtrū citiùs, vel tardiùs, aut prorfus nó ponantur. Inde fiquidé,
iudicium fieri póteft, animaduérfione fedu
la, de fexu, & aetate patientū. Sal enim in mu
lieribus denfius eft, quàm in viris, fic de reliquis duobus primis.

Quod aetatem cóncernit hoc loco, notandum, vrinas puerorū à tribus annis, ad iuuen
tutem vfque, fcilicet, annos circiter quatuor
& viginti, fpiritus habere debiles, qui langui
dè fatis afsurgunt, vnde citiùs euanefcunt a-
lijs, qui prouectioris funt aetatis. Vrinae auté
ab annis viginti quatuor in triiiginta, robu
ftiorum fpirituum exiftunt, vt qui viuaciùs
afcendant prioribus, attamen tardiufculè.

Quae funt annorum quadraginta, quin
quaginta, vel fexaginta, robuftifsimis pollét
fpiritibus, qui facillimè pre caeteris attollun
tur in altum.

De coloribus.

Iuniores perfonae, fuas vrinas aedunt fpif-
fiores, in modum feri lactis è cafeis effluen-
tis, malè digeftas & imperfectas.

Aetatis mediae, fuas habent admodum tenues, flauas, optimè digeftas, & colore pulcherrimo tinctas.

Qui

Qui verò funt prouectionis ætatis, vrinas
emittunt albicantes, fubtiles, tranfparentes,
ac mediocris digeftionis.

De humoribus inter deftillan-
dum afcendentibus.

Vitreum vas continèns vrinam, colloce-
tur in cupellam cupream arena reple-
tam, in fümmitate furni fitam, & mergatur
fub arena tribus vigefimis quartis partibus
linearis menfuræ, vel pollicibus tribus, vt viginti & vno fuperemineat. Priufquam accendatur ignis in laterali fornace, folium pa
pyri magnum, quòd iuxta longitudinem in
vigintiquatuor partes æquales, & per latitu-
dinem in quatuor tantùm complicatū fit habeatur. A`dextro latere papyri, notanda funt
omnia, quæ ad vafis dextram apparent indicia: à finiftro pariter quæ ad finiftram pate-
fient. Spatijs verò papyri medijs inter finiftram & dextram, ea quæ videbuntur à facie
vafis, & à tergo, vt fpatio dextræ proximiori,
notanda quæ vafis anteriori parte manifefta
funt, & altero fpatio medio, quæ pofteriori.
Notandum vtriq; roftrum galeæ, facie ad faciem opponi debere, verfum ad examinatorem, eamque partem anteriorem habendam
in vafe, corporifque examinati partem eandem referre.

Cauendum etiam ne per ignem calor ex-
K

citetur vafi, maior eo qui folet effe quum vrina per patientem, è vafe naturali plærunque
folet emitti, contineatur in eo calore continuo trium horarum fpatio. Non eft eximendum epiftomium à roftro galeæ, donec tempus hoc præterlapfum fuerit. Si verò priufquam tempus hoc fit abfolutum, guttulæ
defcendant per galeę roftrum, indicium efto
nimij caloris: etenim tantillo temporis proprietates corporis demonftrari nequeunt,
pauca hac alteratione, minùs apparere poffunt indicia, de quibus iudicium ferri pofit.
Senfim prouocandæ funt vrinæ, proportionato, & gradatim aucto caloris & ignis regimine, quò fit vt morborum inditia vera, fuis
locis appareant, indeq; certius iudicium fiat
eorum.

Regulæ quædam generaliores in urinarium iudiciis.

ANimaduerfione fedula, confiderandæ
funt notæ pollicares, in menfura lineari cuprea iuxta vas erecta, quæ hoc fuftinet
erectum, delineatæ. Menfura dicta, figitur in
coperculum cupreæ cupellæ, pariter & candelabrum fuftinens vas receptorium: in viginti pollices dûtaxat, repartiri debet, quòd
quatuor pollicibus fub coperculo, vas deftil
latorium fit merfum.

Humoribus aut vaporibus, à regione cordis, ad

dis, ad anteriorem thoracis partem assurgen
tibus, indicium esto morbum ex nimio gau-
dio prouenisse, quo citiùs in ægritudinem,
periculosiorem inciditur, quàm aliquo mærore, si læticia modum excedat.

Si verò ab eodé loco surrexerint in parté
posteriorem, vt ad spinam dorsi, morbú ex
aduerso mærore productum esse iudicetur.

Ab eo ipso loco, si assurgant ad supremam
thoracis partem, ab iracundia (quam chole-
ram vocant) ortum habere dicito: at è contra
si versus inferiorem partem, causam fuisse
horrorem, atq; pauorem indicari poterit: cę-
terùm vbi ab eo loco, ad latera perrexerint,
pudicitiæ causam profer. Hoc ipsum de sym
tomatis aut accidentib. vti de morbis ipsis.

Si terrea substantia præcedat humorem in
ascensu (quod præter consuetum existit) indicium est morbi tartareij: ab albo tartaro
morbum caducum indicabit, maximè si dicta substantia terrea, mox post aeream (quæ
præcedere debet) ascendat, quod quidem de-
notaret malitiosos eiusmodi vapores, primò
ab inferioribus corporis partibus, ad cor as-
cendisse, tandem ad caput, & cholericos affectus & effectus excitasse, vnà cum tremori-
bus, & circa vmbelicum conuulsionibus, cor
dis compressionibus, indeque morbum epi-
lepticum.

Quum humor in prima destillatione, mix-

tus erit varijs ac diuerfis coloribus, vt ceru-
leo, flauo, viridi, &c. indicium eft infectionis
matricis à fpermate, præfertint vbi hoc ipfum apparuerit in vafis medio, vel circa regionem pudendorum.

Secunda deftillatione fi vapores afcende-
rint multifariam colorati, vfq; ad caput alé-
bici, quò vt peruenerint retrocedant, abfque
refolutione in liquorem, imò potiùs magis,
ac magis in vapores craffos denfabuntur, indicium erit conditionis terreæ, quæ putrefactionem molitur pororum, & meatuum ae-
reorum hæpatis, pulmonis, & cordis. Si tamen calore fuperati, nihilominus in tartarū
conuertantur, indicium eft calculi fumentis
originem, & occafionem adhærendi renibus, non aliter quàm tartarum ad latera vafis
A coloribus tenuioribus permixtis eiufmodi vaporibus, denotatur infectio cerebri, me
moriæ, nobiliorumque partium capitis, vnà
cum debilitatione rationis, animaliumque
facultatum. Vnde poteft iudicari, periculū
imminere cardiace, apoplexiæ, ftuporis, &
conuulfionis membrorum.

Tertia deftillatione, fi poft afcenfum vaporum omnium, ipfa materia refidens in fun
do cucurbitæ, formam concipiat, concreti
fanguinis & fpongiofi, hoc ipfo defignatur
morbum aliquem ex menftruorū retentio-
ne prouenifle.

Si va-

Si vapores aliqui fubuirides appareant, qui poftmodum nigrefcant,& inde poft plúbi liuorem concipiant , per difparitionem tenuium fpirituum vrinæ, tum ob fœtorem, præfagium aliquod mortis præfumendû eft.

Quum nubes in galea, repulfæ quodammodo coguntur retrocedere, defcendereq; in vas deftillatorium, apoplexiã indicant, idque potifsimùm, vbi fæpiùs idipfum eueniet. Si vapores à medio vafis videantur afcé dere in galeam, quæ vifcofæ corruptęq; fint, indicium efto, præ mala ftomachi digeftione, vapores crudos ad caput afcendere, vbī cumulati,fpiritus aggrauant intellectus,memoriæ, & auditus, Vnde fuffufio nafcitur oculorum.

Poft liquoris omnis receptionem,fub initium ignis fecūdi gradus,fi aer pro folito fuo more naturali nolit afcendere, pefsimum effe iudicium putato. Item fi præcedat aerem, ignis in afcenfu , qui fe recipiat in galeam. forma veficularum tranfparētium vt vitrum, deinceps obfcuriores ac denfiores factæ, rūpantur,& inde color appareat obfcuri lactis, varijs coloribus alijs permixtus, vt azurino, flauo,viridique radientibus, indicium eft affumpti veneni per os, quod aconitæ naturæ fuerit.

Si nubes ad finiftrum latus vafis appareat in medio,matricis pafsionem fignificabit.

K 3

Separando primum liquorem, si videatur à sinistro latere vasis, materia viscosa, cū vaporibus crasis, & obscuris, capitis maximus dolor designatur, & fluxioues, non sine periculo paralysis, aut hoemiplexiæ futuræ.

Vrina, ob cruditatem & malam digestioné, si colore liuido plumbeoque tincta, nolit per destillationem nisi difficulter, ascendére, nec altiùs quàm ad nonum pollicem, vbi numerus decimus quintus notatur in lineari mensura, paulò plusquàm ad vasis tertiam partem, ibidem collecta, si densabitur vapor humoris eiusmodi, & ad fundum vasis deorsum ceciderit, indicium est periculosissimū, & intercutanei morbi cuiuspiam, vel tartarei. At si forté cum signis præcedentibus, appareat in galea nubes nigra, & impura ad sinistrum latus, varijs permixta coloribus, indicium esto maximi doloris in capite, vertiginis, tinnitus aurium atque tumultuationis. Verùm si hoc signum statim post apparitionem euanescat, materiaq; per se clatescat, indicium apoplexiæ futuræ, pulmonis exulcerationis, & phrysis esse dicito.

Si vapores ignei, qui tertia primùm destillatione debent ascendere, secunda consurgant, statim post primum liquorem, siccitatis, & caloris hæpatis est indicium, atque tartari nati in medullis spinæ dorsi, pro quantitate granorum milij, & qui possunt incremé-

tum

tum fumere, ad formam lentis : vnde poda-
gra generari poteft:vrinæ primo liquore, de-
ftillandum inter ad rubedinem tendente,
varijs atque mirandis Coloribus concurren
tibus,indicium eft inflammationiſ hæpatis
maximę,tum fcabiei leprofæ in pelle, item
rubeam leprá effe præ foribus: Verùmſi mox
ab afcenfu primi liquoris, quem phlegma
dicunt,afcendant igne i vapores, ante vapo
res aeris,& in galeam fe recipiant, inflamma
tionis hæpatis eft indicium, & peſsimi calo
ris in eo, per quem pars maxima fanguinis
aduritur : item pruritus intolerabilis ad bra-
chia,coxendices,&c.

In examine fecum,fi calx rubea prodeat,
indicium eft calculi, in fpina dorfi maximŭ
dolorem efficientis.

Ignis gradus primus,& indicia li-
quoris Mercurij.

QVum vrinæ fudor aliquo vafis loco, in
forma guttarum adhæret,certiſsimum
præbet indicium, eodem corporis patientis
loco, humiditatis fuperfluæ, dolorem exci-
tantis, eợue maiorem, quò maiores guttæ
fuerint, item à minoribus, dolores minores
iudicandi funt.

Si guttæ maneant eiufdem quantitatis,
abfque variatione, indicium efto morbum
effe fixum eo corporis loco, qui defignatur

in vafe, fiue in fanguine, carne, venis, aut neruis, ofsibus, cerebro, corde, hepate, pulmone, felle, renibus, ftomacho, inteftinis, vefica, &c.

Si contingat eiufmodi guttas repentè cre-
fcere, iudicium fieri poteft, & morbum pariter fumpturum incrementum.

Si verò diminutæ fint, paulatimque deficiant, indicium efto, morbum vtique pauco
vel nullo negotio curabilem, idque balfamo
naturali vincente malum, per inftauratio-
nem, & renouationem.

Si poftquam eiufmodi guttę difparuerint,
veftigia relinquant in vafe, iudicari poteft
morbus ad mortem, præfertim fi maculæ
mumiæ, tartari, vel marcafitæ formam ha-
beát. Etenim oppilationum, corruptionum,
& congelationum funt notæ, quod poftmodum latiùs declarabitur. Iftis occurrentibus
malis, prouidendum arcanis, & medicamé-
tis optimis, quæ nedum expellant morbos,
verum etiam adiacentibus locis minimè no-
ceant, qualia funt ipfa deopilatiua penetra-
tiua, aperitiua, item contra corruptiones in-
nouatiua, cógelationû refolutiua, & expulfi-
ua, fingula fpagirico modo repurgatifsima.

Sulphuris uaporum indicia.

Iquorum, aut vaporum adhærentiæ,
nedum in vafe notandæ funt, verum
etiam

etiam loca vnde surrexerunt, originemque
sumpserunt, item eleuationes, descensus &
per latera vasis defluxiones diligentissimè
consideranda quæque. Inde siquidem, ortus,
& primę causę morborum cognosci possunt,
ac diiudicari. Nam adhęrentia in vitro facta,
locum dumtaxat indicat in humano corpore, in quo morbus sedem & centrum posuit.
Disparitio per resolutionem, locum ad quê
sedem positurus, tendit morbus. Locus in
vitro, vnde vapores assurgunt, locum in corpore designat, à quo morbus originê duxit.

Defluxiones ignis primo processu, locum
indicant, ad quem morbi priùs aliqua parte
positi, postmodum sunt descensuri.

Disparitio macularum post adhærentiã,
guttarum, ignis processu primo, veneni prębet indiciũ, & mortis patientis, non ita subi-
taneæ tamen, sed successu temporis aduen-
turæ.

Singula diligentissimè notanda veniunt
in papyro dicta.

Salium indicia.

VApores adhærentes vasis spondilibus,
in ignis primo gradu, etsi cogelentur in
formã salinæ materiæ similem, non sunt vera salia, sed eorum apparentiam quandam
habent, ac similitudinem tantùm: plerumq;
resoluuntur ignis calore, quòd substantiæ

K 5

yolatilis exiſtant, proprietatiſque mercuria
lis, euaneſcunt. Vnde Chiaticas pronuncíát,
Podagras, Chiragras, vtrumque calculum,
renum & veſicæ videlicet, morbillos, mem-
brorũ conuulſionem, ac tartareos morbos.
Quæ iudicia tamen, ſubſequentibus alijs indicijs confirmari debent. Hæc ſunt potiſsi-
ma primi proceſsus indicia, per ignis gradũ
primum apparentia, priuſquàm deſtillatio
guttarum, fluxuſque fiat earum in vas receci-
piens.

Ignis ſecundus gradus.

PRæterlapſis tribus primis horis primi
gradus ignis, epiſtomiolum è roſtro galeæ fuerit eximendum, mox inde vas receptorium apponendum, commiſura luto mu-
nitiſsima, ſucceſsiuo progreſſu gradus ignis
inchoandus eſt, vt & ſenſim güttæ in galea
collectæ, cum ſpiribus inuiſibilibus conden-
ſatæ, præter exhalationé, in vas ſubmiſſum
deſcendant. Calor hic ad hunc modum re-
gendus, vt inter guttas ſingulas, interuallum
temporis fit, vt ab vno (progreſſu moderato,
non nimium accelerato, nec etiam tardiori)
numerari poſsit vſque ad denarium. Tantiſper ignis huiuſmodi continuandus, vſque
dum guttulæ decidentes albeſcunt. Verùm
ſi guttæ prædictum interuallum non obſer-
uant, ignis augendus, vel minuédus artificio
fundi verſatilis, dum ad iuſtam caloris dicti
pro-

proportionem redierit. Vbi color guttarum
albus immutatus fuerit in citrinum, indiciũ
dabitur liquores primos, & inualidos omnes ab vrina feparatos, afcendilse, ac folùm
tenuiores vapóres terrę permixtos in cucurbita reftitifse. Quo percepto recipiés amo-
ueatur, admoto alio ficco, nulloque humorę
madido, folùm pluma, repurgato, in quo re-
ceptorio totus vapor eft excipiédus, vt in fũ-
do cucurbitæ nil pręter fęces aridifsimas relinquatur: hoc ipfum facilè percipi poterit, q̃
cucurbita nõ vfque adeo mergitur fub arena.
Quicquid apparuit à prima recipientis amo-
tione, vfq; ad fecundã, accuratiùs in pap yro
notádum, quòd in eo prima & pręcipua hoc
in opere, lateãt artis huius indicia. Tandem
liquores ambo qui recepti funt, librentur fe-
paratim, & vtriufq; pondus alijs indicijs an-
notetur. Etenim pondere facilimum eft iu-
dicatu, quod primorum in vrina, corporeq;
patientis, præcipuum dominium habet. E-
xempli gratia: ponamus crudã vrinã pédere
vncias octo, cum granis quindecim: Item humorem primæ deftillationis, vncias quinq;
ducenta & quinquaginta grana: fecundæ verò deftillationis ex vaporé, vnciam vnam cũ
ducentis quinquaginta granis, quę fimul ag-
gregata numerant vncias fepté, & grana decem, hæc ab vncijs octo, & granis quindecim
detracta, vnciam tantùm vnã & grana quinque,

que, fecibus in fundo cucurbitæ relinquunt.
Concluditur inde patientem effe cùm naturæ, tum proprietatis Mercurij, cùm liquoris
primi pondus, in prima deftillatione fit, vnciarum quinq; ducentorum & quinquaginta granorum. Verùm, deftillationis fecundæ
vapor ponderis vnius vnciæ, ducentorum
& quinquaginta granorum, pondus fecum
fuperat, vnius videlicet vnciæ cum granis
quinque. Pariter ambo pofteriora pondera
fulphuris & falis, fimul efficientia duas vncias & ducenta quinquaginta quinq; grana,
fuperantur, à primo pondere mercuriali, dua
bus vncijs & quingentis quadraginta quinque granis. Primæ deftillationes omnes guttas emittentes mercurio tribuuntur: quæ fecundò fiunt, fulphuri: feces verò fali. Verùm
primæ omnium animaduerfiones, ante guttarum ftillationem, parui admodum pendû-
tur. quòd fuas conditiones varient pro cibo-
rum ac potus varietate.

Ignis gradus tertius, pro Sulphure.

POftquam de radicali humore, per deftil
lationem egimus, ad fpiraculum vitæ
veniendum eft nobis, in quo fitus eft calor
naturalis, motus, conferuatio, & fuftentatio,
videlicet in fulphure. Quum igitur color
guttarum citrinus, in fpifsiorem, & rubicun-
diorem tranfmutari videbitur, mutandum
eft, &

eſt,& amouendum ſecundum vas recipiens,
admoto tertio. Hac in operatione ſumma
cum induſtria , notandæ ſunt adhærentiæ,
tam vaporum,quàm fumorum , materiarum
oleoſarum ac ſalinarum : primò, loca vnde
aſſurgunt,& originem ducunt: ſecundò quibus adhærebunt,ac interea per quæ loca trã-
ſitum facient aſcendendo, idq; inter earum
ortum & finem , aut ſitum : tertio cuius conditionis , ſtatus, adhærentiæ, ac formæ ſint
futura,vtrum augeantur,minuantur aut eua-
neſcant. At quia ſulphur (de quo hoc loco fit
mentio) dominium in ſanguine præſertim
habet, ratio poſtulat ſanguinis obſeruari di-
ſtinctionem , iuxta perſonarum diuerſitaté,
cùm ætatis tum qualitatis. In pueris tenuis
habetur ſanguis,acutus, & aquea ſubſtantia
plenus.

In adultioribus, vt annorum triginta, purus eſt,mundus,ſubtilis,& calidus. In ſenio-
ribus verò paucus, ſpiſſus, & craſſus.

In obeſis,etiam paucus,grauis,frigidus,ac
tenuis.

In macris, è contra multus, calidus & læ-
uis.

In viris autem longè tenuior, & calidior,
quàm in mulieribus, in quibus eſt ſpiſſus,
craſſus & frigidus.

Sanguis omnis abundans, & craſſus, hominibus præbet vires,audaciam, & robur.

Con

Contra, subtilior timiditatem exhibet, pa
uiorem, atq; stupiditatem.

Habet etiam in vnoquoq; membro, parti-
culares quasdam conditiones, vt in venis pul-
satilibus, admodum subtilem, in pulmone
puram, in corde calidam, in venis commu-
nioribus spissam, in hæpate mixtam, in sple-
ne verò frigidam. Notandum, si virtutes, & fa
cultates eius impediantur opilationibus,
vel resolutionibus, in quouis animalium genere, vita pariter eorū hoc ipso diminuitur,
& præsertim in hominibus, in quibus nedū
animę domiciliū, verum etiam fométum spi
ritus eorum est, & omnium partium sui corporis maxima refocillatio: verùm in brutis
irrationalibus, carnis omnis est nutrimentum. Iam demum ad ignem huius tertij gra
dus, veniendum est, per foraminum apertio-
nem, ad eorum patentiæ tres quartas, fundo
versatili promoto. Hoc ipso calore sensim
audò, spiritus exurgent, & oleosæ substan-
riæ quædam crasiores, ac sulphureæ, quæ-
quidem trifariam resoluentur. Primò, in vé-
tositates aereas, inuisibiles, & imperceptibi-
les: Secūdò, in modum vaporum visibilium
discreteque perceptibilium, & sub finem in
forma nubium: Tertiò verò substantialiter,
& essentialiter in forma quadam olei, item
corporaliter in forma salis, & sensualiter in
forma tartari, tangibiliter, ac visibiliter ad-
haerentis.

hærentis. Notandum hoc loco, nedum in
duabus primis deftillationibus, verū etiam,
in ifta tertij gradus, primos vapores afcen-
dentes, vocari flatus, aut ventos: item subfe-
quentes dici fumos, aut fumofitates: & tertiò furgentes appellari nubes, vel pruinas.
Primò igitur, in hac tertia deftillatione afcen
dunt flatus inuifibiles: fecundò fumi vifibi-
les, qui præfigurant nobis fubtilifsimā fubftantiam radicalis humoris, & funt naturæ
mercurialis aquæ, & animalis, quorum flatuum initium, medium ac finis accuratifsimè veniūt annotāda, & loctis vbi furgere cœ-
perit oleofus ille fumus fulphureus, & fpiri-
tualis naturæ. Poftremò verò nubes affurgūt
ex terreftri materia, quæ falinæ fubftantiæ
funt, & corporeæ naturæ. Non aliter enim
quàm fcitur elementum aeris, terram fubin-
trare, ac penetrare, per poros & cauernas, ibi
dem refolutus in aquam, femper inferiora
defluendo petit, in humano corpore pariter,
vapores à ftomacho furgentes, penetrant in
regionem capitis, ibi tandē refoluti per con-
gelationem, defluunt ad inferiora corporis
membra, quæ mifere quandoque torquent.

Salium incidia.

Nonnulla fimilitudinem habent roris
maij, quædam alia grandinis aut niuis
glaciei, tartari, alebaftri, lapidis, cretæ, &c.
Si

Si colorem accipiant, ocræ similem habent,
argillæ, pulueris laterum, boli armeni, vel
communis, rubricæ lapidis, viridis monta-
ni, indici, lazurei, & similiū. Quod formam
conernit, aliqua salis, grana referunt, lapidum crassiusculorum salis armeniaci, salis
petræ granorum oblongorum:nonnulla per
ignem liquescunt, alia sunt fixa, & incombu-
stibilia, alia in modum aluminis rupei, vel
plumosi, aut albi vitrioli. Multa suam naturam in igne retinent, vt sal gemmæ, alia in a-
quam proiecta non resoluuntur, nec in humi
do loco sita (nisi hoc fiat aqua peculariter
ad eum vsum præparata)vt camphora. Quædam resoluuntur quouis humido loco, vt sal
marinum, sal absynthij, vitrioli, montanum,
&c. alia per ignem liquata, reducuntnr in
massam, & acuitatem suam naturalem non
retinent, imò redduntur acuta magis, & cor-
rosiuiora, vt sunt hallensia Germanica, hispa-
nica & burgundica.

  Separatis igitur à fecibus terrestribus, cun
ctis humentibus, igne tertij gradus, hic iterū
augendus erit, apertis omnino foraminibus.
Hinc fit vt assurgant substantiæ crassæ quædam, & vario modo coloratæ, iuxta morborum conditiones(quod quidem in omnibus
examinibus non semper accidit) quandoq;
in rubeum colorem, & alios admodum pul-
chros, atq; delectabiles, vti flauos, iacinthi-
                                              nos,

ños,purpureos,ametiſtinos,azureos,turcoi-
ſios,&c. aliæ permixtæ ſunt flauo,viridi,ru-
beo citrino ſimul,albo lazureoq̣:ſunt & aliẹ
nigræ plurimûm, & cinerum inſtar aduſtæ.
Nonnullæ carent odore,aliæ fœtidẹ vt nau-
ſeam prouocent; aliquẹ fragrantiſsimẹ ſunt:
hæc annotanda quæquæ,vnà cum adhæren-
tijs & locis, coloribus alijſq̣; ſimilibus indicijs. Quo peracto,ſi videbitur nihil ampliùs
apparere, claudenda ſunt omnia fundi du-
plicati foramina,quo frigeſcat fornax,id plæ
rumq; fieri ſolet horarum ſpatio trium. Vas
deſtillatorium frigidum eximatur.

Salium iudicium alterum.

FEces à vaſe frigefacto iam,eximẽdẹ ſunt,
maxima tamen induſtria, ne quicquam
earum depereat,ponderandæq̣;præciſe, no-
tato pondere ſeorſim. Hoc loco rurſus operatorem, vel examinatorem decet, patientis
ſcrutari conditiones & proprietates, vtrum
etiam ex mercurio,ſulphure,vel ſale morbus
originem duxerit. Si verò morbus compe-
riatur ex ſale,cum natura patientis, eiuſmodi feces, ponderibus ſalinis librandæ, ſi autem ex mercurio, vel ſulphure, quodq̣; pro-
prijs. Notatis vtique ponderibus,iſtiuſmodi
feces, in ferrea patina, vel cuprea mundiſsi-
ma,prunis expoſitẹ,ſenſim in exhalationem
exiccentur,indéque adurantur,notatis inte-

L

rea ſingulis quæ apparebunt, ſiue flammæ
ſint, tumores, flatus, ſibilationes, &c. quan-
to tempore cremabuntur, coloribus, fumis,
& qualitatibus flammarū ab hac vrente materia productarum. Verùmenimuero, quia
citiſsimè fit aduſtio hæc, flammaq; repentè
perit, induſtria, vigilantiaque maximis opus
eſt inter annotandum. Materia ſonitum e-
dens in igne, mercurio fuerit adiudicanda.
Quæ verò tumultus atque magnos rumores
excitabit, ſali tribuenda. Flamma quæ ful-
gurationes emittere videbitur, cum aliqua
reſonantia tamquam reflexionis Echo, ſulphur denotat. Exuſta prorſus materia, tandem eximatur tota, vt eius nihil pereat, & in
vrinali vitreo poſita, perfundatur aqua communi limpida, maneatq; per horam accura-
tiſsimè cooperta. Poſtmodū effundatur eiuſdem aquæ, trigecuplum, ponderis vſtæ priùs
materiẹ, ac per aliam horam quieſcant ſimul
humido loco. Tandem coletur aqua per pā-
num, in aliud vitrum, & eiuſmodi colatura,
ſinatur igne lento per euaporationem eua-
neſcere. Quod congelatum erit in fundo,
ſeruetur. Verùm, id quod reliquum eſt ex fecibus à colatura manens in panno, ſiccetur
igne lento, ac ponderetur ſalis ponderibus.
Inde cognoſci poteſt quáto per ablutionem
defecerit, hiſq; ponderibus vnà cum præcedentibus iudicari, cuius conditionis inter
prima

prima principia, morbus & patiens excite-
rint. Cæterùm an vltimæ feces eiufmodi,
quid ex Mumia contineát, quam vt fulphur
exiftimamus:aut ex tartaro, quod loco falis
habetur: vel ex limo, qui mercurij rationem
obtinet, facilè diiudicatur:hoc omne p aduftionem,idq; tribus indicijs. Primo, fulphur
exhibet cœruleam flammam : mercurius fumum obfcurum : tartarū verò, vel fal ipfum,
nihil hòrum exhibet. Secundo, tartarum fixum & graue manét: Mumia rubens eft, ad
leuis:limus autem, vel mercurius eft flatûs,
adurens, & non fixus. Tertiò quidem indicio,fub vltimam aduftionem, odor mercurij
dulcis:Limi odòr eft acrior & mineralis:tar-
tarum autem odorem nullum, neq; guftum
habet, qui aliquátenus percipi queant. Ita-
dem ex materia diffoluta per ablutiōné antea dictam à fecibus,fieri poteft, vt fuprà; pó-
derando prius , & poftmodum adurendo,
præter excandefcentiam,deinceps vbi frige-
facta fuerit, rurfus ponderando,quod minùs
erit, hoc ipfum fuiffe mercurium in ea iudicandum eft. Poftremum eius examen hoc
efto, fcilicet, vt fecundò iam aduratur igne
vehementiori quàm antéa, fi quid ponderi
poft frigefáctam materiam deficiat,id ipfum
iudicetur fulphur extitiffe : quòd reliquum
erit ab aduftionibus, eft fal eiufdem vrinæ.
Singula notentur accuratiùs, & inferibantur

L 2

papyró cum cæteris, vt funt odores, flammę, fumi, colores, &c.

Colorum indicia.

Quo meliùs de coloribus in hac arte iudicetur, preciosorum lapidum primis tribus principijs naturalibus, iuxta suam naturam distributorum, colores mutuandi sunt.

Sulphureorum lapidum preciosorum à coloribus, in urinarum examine fumpta iudicia.

Itrini lapidis color, facultatum nutritiuarum, & expulsiuarum defectum indicat, in vrinarum examinibus.

Topasij color, apostematione in renibus.

Chrysoliti color, annorum augmentum.

Smaragdi, opilatione radicaliũ humorum.

Prasini, renum, atq; diaphagmatis detrimentum.

Malachitæ, concoctionum defectum.

Iaspidis, venarũ pulsatilium, & membrorum contractionem.

Turquesij, naturalium virium & rationis impedimentum.

Lapidũ colores mercuriales, & animales.

Hristalli color, indicat imminutione digestiuæ & attractiuæ facultatum.

Berilli, carnis inflationem, stomachi, & intestinorum.

Adaman-

Adamantis, humiditatis fuperfluitatem
Calcidonij color, hæpatis inflationem, capitis,& fuarum partium.

Saphiri,mufculorū corruptioné,denotat.

Perlarum, defectum nutrimentorum in
facultatibus penetratiuis.

Alabaftri color, oppilatione, aeris,& refpi-
ritionis,tam in genitalibus,quàm inteftinis.

Lapidis fpongiofi, turbulentiam fanguinis
ac memoriæ.

Salinorum lapidum pretio-
forum colores.

R Vbini color, fignificat virtutum fuften-
tatiuarum,& motiuarum defectio.

Spinelli,pinguedinis inflationem.

Pallafsi,plurium accidentia morborum.

Granati,fplenis ficcitatem.

Carneoli, pulmonis putrefactionem, &
membranarum.

Coralli,digeftionis impedimentum.

Hæmatitis,indurationem inteftinorum.

Porphiritis, debilitationem fpirituū corporalium,vti fenfuum,colore fuo denotat.

De membris interioribus &
partibus eorum.

C Erebrum,eft nobilifsimarum facultatū
animæ domiciliū,vt funt intellectus,in
regione frontis: Memoria in occipitio: Ra-

tio verò, mediam inter præcedentia regionem tenet.

Pulmo, receptaculum eſt elementi aeris,
ad vitæ fomentum, & nutrimentũ: membrũ
hoc follium inſtar aperitur, & comprimitur,
quo quidem artificio naturali, concipit aerē,
& emittit, nouum ſemper attrahens, quem
ad cor aſpirans in refrigerium, recenti fomē
to continuo temperat intenſum calorem
occultum in eius centro, ſine qua reſpiratio-
ne, vitæ ſuffocaretur igneus ille vigor, quo
cuncta viuunt animalia: non aliter, quàm videmus, artificialem ignem elementatum, aere ſine minimè viuere poſſe.

Hæpar eſt receptaculum puriorum partium nutrimenti, ſeparati per ſtomachum,
eóque relegati, vt ibidem in ſanguinē tranſ-
mutetur, ex quo poſtmodum cætera corporis membra quæque ſumunt alimentum.
Hoc loco notanda venit excellentiſsima ſe-
paratio naturalis, trium partium, quarum v-
na eſt ſanguis purior, & nobilior, ad nutrimentum corporis aſſumptus, ab alio impuro & ſuperfluo ſanguine, aqua pleno ac humiditate ſuperflua ſeiunctus: tertia pars eſt
amaritudo venenoſa, quæ ſeparatur naturaliter ab alijs, vt non permiſceatur nutri-
mentis.

Cor, eſt fons vitæ vegetatiuæ, nec non
centrum, ex quo procedit calor naturalis, &
radica-

radicalis humor in alia membra quæuis : eſt
que domicilium omnium affeċtuum bono-
rum, atque malorum. Conſiderandum vtiq;
timore pauoreque, facultatem attraċtiuam
in corde, tam efficaciter ad ſe, ab alijs membris corporis trahere ſanguinem, & reuoca-
re nonnumquam, vt vſque ad ſuffuſionem &
ſui ſuffocationem, ob nimiam abundantiã,
idipſum fiat. E contra, propter nimiũ gau-
dium, & repentinã, in opinaramque lætriciã,
virtus eius expulſiua ſanguinē à ſe pellit, ad
alia membra, quo faciat iſta ſui gaudij parti-
cipia. Hæc eſt eius bonitas, & affeċtus maxi-
mæ confœderationis in reliqua membra.
Quo fit etiam vt odio, vel inuidia, & ira præſertim inordinatis, vitioſi liquores cum ſanguine mixti, nedum ex felle, verum etiam
ex omnibus alijs membris, refugium ad cor
habentes, attrahantur, & humor omnis-
cum eo, membraque ſua linquant, ſuis viribus deſtituta, vt in eis vitales ſpiritus pariter
deficiant, & cordis animales per illos inſi-
ciantur.

   Stomachus, primum eſt receptaculum ci-
borum, & potionum, primuſque ſeparator
puri ab impuro, qui purum ad Hæpar relegat, impurum autem ad inteſtina. Situm
habet præciſè ſub diaphragmate, non aliter
quàm olla ſub ſuo cooperculo.

   Inteſtina, ſunt meatus, per quos, excre-

menta crafsiora necnon fuperflua (quib. natura non indiget, quod ex eis fibi necefsariū
elicuit) vt inualida reijcit.

Diaphragma, velut firmamentum, eft fe-
parationis & medium inter fuperiorem vē-
trem (in quo pulmo, cor, & venæ arteriales
fitum habent) & inferiorem, ftomachum, hę-
par, fel, fplenē, inreftina, renes, veficā & ge-
nitalia vafa continentē: quibus omnibus in
genere, nutritiuę corporis facultates infunt.

Renes, duo, receptacula funt fanguinis fu
perflui, à puro feparati per hæpar, & hoc loco relegati, vt ampliùs coquatur, digeratur
& ab aqua fua repurgetur, quæ tandem àd
veficam remifsa, per eam tranfit in exitum.

Fel eft receptaculū inualidi, amari, ac ve-
nenofi cuiufdā fanguinis, à valido feparati, vt
non intret in nutrimentum corporis: adhæret hæpatis contauicati, in formam crume-
nulæ.

Splen, eft aliud receptaculum, felli ex op-
pofito, quo recipitur fanguis crafsior ac ter-
reus.

Matrix, eft vas generationis, in ventre mu
lieris, inter hæpar & fplenem fitum, paulò
altius quàm vefica.

Vefica, receptaculum eft & emunctorium
inutilis aquæ, feparatæ à fanguine nutrimenti, vt euacuetur ab eo corpus.

C2

Capitis affectuum indicia, sub vrinarum examine.

TRres sunt potissimi capitis affectus &
morbi, vt Cephalalgia, Hœmicrania, &
Cephalea. Primus originem ducit à saniosa
fluxionib. secundus, ab humoribus salsis: tertius verò, ex vitreis liquoribus.

De Cephalalgia.

MOrbi huius indicia prima, sunt hæc.
Primò, guttulæ quædam, vt coagulati sudoris, apparent admodum subtiles, in
vasis regione suprema, capitis videlicet, statim post nubis disparitionem, sub ignis gradu primo: suntque triplices, vtpote rubeæ,
quæ lusciosos affectus oculorum denotant;
spissæ, & crassæ, significant epiphoram: turbulentæ verò, lippitudinem.

Secundò, guttulæ huiusmodi, vesicularum
instar inflantur, ac postmodum per seipsas
comprimuntur, formamque recipiunt granulorum milij, sub ignis gradu secundo. A
tribus coloribus hoc loco, morborum trium
fieri iudicium etiam potest, vt ab albedine
transparente, catharri: ab albedine obscura,
flatuum in auribus: & eadem viscosa, nariū
oppilationis.

Tertiò, grana quæ dicta sunt, ignis calore
soluuntur in substantiam ad modum viscosæ pinguedinis, quæ per latera vasis defluit

L 5

ad locâ, quibus morbi sedem fixerūt in corpore patientis, idque sub ignis tertio gradu.
Colores quoque tres apparēt, vt flauus, quo
significatur ophtalmia:flauus clarus albugi-
nem denotat: flauus autem valde subtilis, o-
culi nubeculam.

De Hemicrania.

PRrimò, apparent guttę sudorū aliquātò
maiores prioribus, scz in Cephalalgia,
sed non ita claræ.Sensim augmentum sumūt
eodem vasis loco, per quē regio capitis nota
tur, in qua morbus dominium habet: deorsum tendunt, & ibidem vt perueniunt, per
digestionem exiccantur,ignis primo gradu.
Colore albo, surditatem aurium denotant:
albedine crassa,& spissa,gemellos:duritie ve
rò iophoniam.

Secundò quidem,eodem loco in quo exic
catæ sunt,apparet postmodum albedo quædam,aluminis instar adusti, quæ tandem inflatur per augmentum in spongiæ formam,
idq; secundo gradu ignis.

Tertiò, non resoluitur inflata hæc materia,imò potius indurescit, vsq; ad vitri duri-
tiem, tandem ignis calore vehementiori,se-
paratur à vase,sub ignis tertio gradu. Colore
luteo significat Ephialtem:leuitate quidem,
Epilepsiam. Si verò dicta materia compacta
sit ac fortis,Maniam denotat, & Apoplexiã.

De

De Cephalæa.

Hoc loco valde maiores apparent guttæ præcedentibus, ab initio turbulentæ, vt ipsa materia, ex qua sumpserunt originem. Tádé clariores effectę, varios colores accipiūt. Sunt in ignis gradu primo fixæ. Citrinus color earum, Corizam denotat: citrinus lucidus, polipum in naribus significat.

Secundò, nonnullæ minuuntur atque disparent, verùm aliæ coloratiores apparent, ac in vltimum gradum ignis permanent, in quo tandem euanescunt. Colore suo viridi, significant contorsiones: flatibus obscuris, lethargiam: viridi colore verò, & aciditate sua, tetanum denotant.

Tertiò, in eodé guttarum situ, fixatur materia colorata quædā, & pinguis instar olei, quæ postmodum exiccata, vestigia relinquit salis transparentis, eius coloris cuius est sua natura, quæ postremò resoluitur ignis tertio gradu. Colore cæruleo, vermes denotantur, qui color si valde clarus extiterit, quietis & somni priuatio: Amarulentia quidem, inquietudinem omnem significat.

Postremis examinibus in Cephalalgia, sciē dum, catharros flammam pallentem producere, carneo colore permixtam, & fumum flauescentem, obscurum atq; turbulentum. In Hemicrania, tartara, necnon salsi liquores, flauam producunt flammá, turbidam & obscu-

obſcuram. In cephalea, Brancus, aut liquoꝛ
vitreus, viridem flammam excitat cœruleo
permixtam, fumumq́; flauum, lucidum atq́;
tranſparentem.

Pulmonis indicia.

TRibus morbis potiſsimùm ſubijcituꝛ
pulmo, ſcilicet, inflammationi, putrefactioni, & opilationi. Inflammationis guttæ,
primo gradu ignis, ſtatim aſſurgūt, quòd ae-
rea ſint imbutæ proprietate, pulcherrimę trá
ſparentiæ ſunt: excolant ſæpiùs per laterá ví
tri, vſque in primam pulmonis regionem, at
momento poſt, rurſum aſcendunt, poſtre-
mòq́; viſcoſitatem concipiunt. Tres potiſ-
ſimùm colores producunt, accidentibus vt
ex calore ac tenuitate, colorem album, formam ſpongioſam, & viſcoſam, quibus amo-
pthyſim, & tuſsim denotant. Ex mucillagi-
noſa materia, colorem cereum edunt, atque
fœtorem, & inde pleureſim indicant. Pulmo
nis putrefactio ſuis indicijs innoteſcit, ignis
gradu ſecundo, hoc videlicet, quòd guttarū
loco, manifeſtatur mumia pinguis & colorata, circa pulminis regionem, eo loco, vbi
latet ipſa putrefactio, per fumum obſcurum
ac turbidum, qui tandem in carneum colorem abit: tribus de cauſis inflatur: primò ob
defectum, vnde contrahit auſteritatem, &
craſsitiem, & ex ea ſignificat atrophiam: ſe-
                                                    cundò

cundò ex propria natura, qua quidé acqui-
rit luteum vel mellinum colorem, & peri-
pneumoniam denotat: tertiò verò, propter
superfluitatem nigrescit, inde quidem significat, eupyrema, necnon pthysim. Pulmonis
opillatio, detegitur igne tertij gradus, in forma tartareæ substantiæ, calcineæ, terreæque.
Varios colores cócipit ex natura triũ primo-
rũ, vt ex mercurio, cinereũ: ex sale rubeũ : &,
ex sulphure, citrinum : Ex accidétibus alios,
vt ex inflatione, lactis albicantem atque turbidum colorem, inde nobis dyspneam denotat: ex tartaro gipseum colorem, per qué,
tussim indicat. Verùm ex opilatione, flauum
& spissum, inde significat orthopneam &
asthma.

Pulmonis colores.

PVlmonis color ob inflatioñé, est citrin-
rubore Pallasij lapidis, & cœruleo mix-
tus. Putrefactionis color in pulmone, est ni-
ger, crassus ac turbulentus, in fumo vaporo-
so manifestus, & super materiam adustam,
pellicula nitens obducitur.

Opilatio fumum edit mox transeuntem,
non sine sibilationibus & rumore. Huius
materia exusta, tres colores producit, album
vnum, gipseum vel cretaceum : secundum
latericeum aut rubicundum: tertium autem,
cinereum.

Flam-

flamma flaua viridi permixta, qualis ex cupro fuso, si diuturna lucidaque fuerit, metallicum venenum denotat, vnde morbus originem cæpit.

Verùm enimuero, nulla prorsum appare-
te flamma, sed materia solùm odore dulcem,
fragrantiam edete, morbum ex veneno prouenisse vegetabili iudicari potest.

Cordis indicia, per examen.

VItales spiritus in corde, tres principa-
les facultates habent, videlicet, Attractiuam & magneticam: Retentiuam, aut su-
stentatiuam: tertiam autem expulsiuam.

Virtus attractiua, colores tres habet san-
guini conuenientes, vti sanguis citrinus, trã-
sparens, clarus ac lucidus, non acidus, spaß-
mum indicat: Rubeus, pinguis succulentus,
& acutus, causonam denotat. Sed ille qui
succum fœtentem, & mucilaginosum habet,
mœrorem cordis ac tristiciam significat &
synocham.

Virtus retentiua tres pariter colores habet, per quos tartarum indicat: primus est in
modum aquæ viscosæ, tenacis, & non fluxi-
bilis, albæ claræque, litodimiam significat.
Similitudo colorq; materiæ induratæ, coloris albi lactis, & turbidi, palpitationem cordis indicat: color cinereus, durus & non flu-
xibilis, in modum gipseæ materiæ vel calcis
viuæ, syncopem denotat.

Facul-

Facultas expulsiua cordis, colore suo pallido lucidoque, & per flauedinem humiditatis eius aquosæ, mœstitiam significat:item à colore mellis obscuro, & per amarum liquorem fluidum, hectica denotatur: Verùm colore virescente,& liquore suo salso, denotatur appetitus atque marasmon.

Flammæ cordis etiam, ab industrio poterunt examinatore cognosci,per ea quæ superiùs dicta sunt.

Hæpatis indicia, morborum eius, & simptomatum.

Spiritus naturales in hæpate, pariter & tres facultates obtinent, scilicet, dissolutiuam: transmutatiuam: & subtiliantem. Dissolutiua calori quidē est obnoxia, duosque colores habet, nempe caneoli, quæ recenti sua mumia præfigurat anasarcham:colore fusco flauescente, ac sua mumia aquosa, denotat ascitem, timpanitem, & ictericiam flauam.

Virtus trasmutatiua,est oppilationi subdita, colore suo spadiceo, putridaque mumia, significat hecticá,& mumia congelata, denotat opilationem, scyrrum, & ictericiá nigrá.

Facultas verò subtilians, corruptioni subijeitur,& mumiæ putrefactioni, quod quidem à colore flauo cognoscitur, & obscuro, similitudinem electri habente, vnde iudicatur apostematio, corruptioque alicuius venæ in hæ-

in hæpate, lunatica, & ictericia viridis. Hæc
omnia diligentissimè notanda sunt, quodq;
suo loco, flammæ, fumi, gradus ignis, &c.

Stomachi, & morborum
eius indicia.

TRibus à natura dotibus ornatur stomachus, videlicet, consumête virtute, sympatia & concordantia cû singulis membris
totius corporis, & conditione proprietate-
que digestiua. Virtus côsumens tres colores
habet, quorum vnus est cœruleus & spissus,
quo denotatur, fragilitas & corruptibilitas:
alio viridi colore mixto, cœruleo obscuro,
significatur opilatio: tertio verò flauo, mixto
viridi subtili, denotatur tenasmon, & vlcera,
necnon apostemationes, ac inferiorum partium exitus. Sympatia similiter colores tres
pandit, vnum carneum lucidumque, per qué
tumores & inflationes indicat: alium rosa-
rum instar, quo denotatur colica, singultus,
& hœmorrhoides: tertius color est viridis in
modum vitri, quo significantur vomituû ex-
citationes, & vermes omnis generis. Digestiua tres colores etiam edit, quorum vnus
flauus, obscurus, & nebulosus, significat lye-
teriam: alius est luteus in ocræ similitudinê,
qui dyarrhœam, colicam, & iliacam denotat:
tertius flauns est, croceus, & fumosus, quo
significatur dysenteria.

Sple-

Splenis indicia.

SPlen pari modo tres facultates naturales habet, vnam côsumnentem, & spongiosam materiam : aliam attractiuã, humidã
& non solidam:tertiam insatiabilem naturam terream & crassam. Virtus consumens,
colore suo in modum albicantis aquæ subtilis, per plumbeam flauedinem , & per mu-
miã, vnà cùm bullis christallinis, oppilationem, & confossionem denotat. Facultas attractiua, sub citrino colore, transparente, claro, fluido, subtili, & mucilaginoso, superfluitatem, & inflationem indicat. Facultas insa-
tiabilis, per materiam purulentam, vtcumq;
lucidam, subtilem, ac transparentem colorem habétem, vt manna, significat duriciem,
scyrrum, phantasmata, deliquia animi, tristi-
tiam, somnia grauissima, necnon heresi pelã.

Renum indicia & vesicæ.

TRes etiam facultates habent renes &
vesica, vt attractiuam, retentiuam, aut
receptiuam, & expulsiuam. Attractiua sub
colore lactis turbidi, & sub obscura flauedi-
ne, forma lanosa villosaque, denotat, ob de-
structionem diamne, abcessum, vlcerationes,
& in viris, à prædictis indicijs, gonorrheam,
bubones, pryapismum, & coitus impoten-
tiam:in mulieribus verò, méstrua tam rubea
quam alba, matricisque defectus. Retentiua

M

sub colore sanguineo, spisso, ad laterum colorem tendente, necnon sub virulenti sanguinis apparentia, viscosi, mucilaginosíque, tum propter impedimenta, diabetam significat, stranguriam, & apostemata. Virtus auté expulsiua, plures colores obtinet, vti sub mucilaginosa materia, villosa, & lanosa rubei coloris, obscuri, nigri, & sub arenosa materia, calculosa, tartarea, viridi colore, significat ab his omnibus oppilationem, & postmodũ, vesicæ calculum mox inde subsequentem, vel stranguriam: sed à coloribus, rubeo, albo, vel flauo, nephritim denotat: per tumores verò, & inflationes materiæ vrinariæ in suo vase naturali, putrefactioné indicat. Notãdũ interea, renes eque subiectos esse calculo, are næ, & calci naturali, atq; vesica, vel alia corporis membra. Sciendum etiam tartarum ipsum, sub diuersis coloribus, chiaticas, podagras, & chiragras producere, idq; auxilio sanguinis in hæpate superflui, materiæque stomachi mucilaginosæ: nó aliter quàm alia contagia, vt lepra, morbi venerei, similésque generantur ex squamosa materia, plumosa, villosa, &c. quæ singula diligentia summa cognoscenda sunt, atq; notanda. Nil vos remorentur scripta veterum Æthnicorum qui tradunt, in quinque membris corporis, dum taxat, & non pluribus, calculos & arenas generari vt in pulmone, renibus, vesica, intestinis,

ftinis, & lumbis, Cùm ipfa docet experientia pariter & in cerebro generari, in oculis,&
alijs corporis partibus: in felle fub viridi colore, in modum lapidis malachitæ:in fplené
coloris albi; & in hæpate rubei, tamq; pyri-
tis rubicundi.

Conclufio.

Quo tandem Anatomiæ corporum viuorum faciamus finem, quæ peculiari, dono
S. Spiritus, Theophrafto Paracelfo, piæ memoriæ præceptori noftro, fuit reuelata, vt
Æthnicorum enormes errores in medicinam introducti, nedū corrigerentur, verum
etiam prorfum ac radicitus euerterentur &
extirparentur: quippe qui ab inimicis Dei
natureque, funt in mediun. ab inferis allati
non tolerabiles vfpiam gētium abufus eiuf-
modi:bonos piofque viros medicos, admonitos velimus, vt fefe hac in arte Anatomica,
quam ipfis dumtaxat proponimus, nauiter
exerceant, non tantùm his exemplis infiften
tes, quæ hoc loco fcripta funt. Etenim ab
exordio dumtaxat pofita, quo meliùs, ac faciliùs inftruantur in arte, per quam deinceps
medicinam exerceant, à fuis experimentis
potiùs, quàm alienis. Quod quidem porerit
medicus omnis, chriftianus, cui charitatis &
non queftus, aut turpis lucri caufa, commen-
dati fuerint ægri, facere fine difcrimine vitæ,
chriftianorum præfertim hominum. Hacte-

M 2

nus recentiores ex fcholis Æthnicis medi-
culi, praxim pefsimè fundatæ fuæ theorices,
impenfis, atque periculo miferorum patien-
tum didicerunt, quos mori fi non vacauerit,
iuuerunt potius quàm viuere. Vnde vulgatum in prouerbium abijt: Recenti medico,
cimiterium effe dilatandum. Hac via curan-
tur, vt nunquam in pofterum amplius malè
habeant. In fchola verò noftra hac anatomica, medicinam addifcere quifque poteft, abfque præiudicio hominum, & præter confcié
tiæ fuæ maculam. Tandem expertus in vrinarum examine fpagirico, Deo primùm, &
naturæ demum, fideliter inferuire valebit, æ-
grifque tutò fubuenire. Faxit omnipoteus
Dominus Deus clementia & benignitate
fuis, tales exurgere medicos, quò miferijs &
calamitatibus humanis, melius quàm antea
confultum fit, eius concedente mifericor-
dia, cui foli honor, laus, & gloria conuenit
in æternum.

Appenidix.

SI quis forfitá dubitabit, hanc Anatomiã
effe Theophrafti Paracelfi noftri præceptoris inuentũ, legát ea quæ libello de anatomia duplici fcripfit, tumdemum iudicet,
an fit æquum autores, & inuentores bonarũ
artium fuis priuare, cùm laboribus tum honoribus. Interea tamen aliquot eiufdem au-
ritatho

toritates, ex libello hoc addere minimè pigebit, vt videatur ex qua pharetra, procelsit
ista sagitta.

ANATOMIA THEOPHRA-
STI PARACELSI.

A Vera sua origine Anatomia eò relega-
ta est, vt existimatum sit hactenus, abū-
dè, quæ ad hanc spectát, ex homine mortuo,
seu cadauere potius percipi posse: id quod
ego planè pro minimo, ac nihili æstimo: ta-
metsi non desint, qui hoc ipsum adhuc magis ducant, nec pauca inde colligere conen-
tur. Qua quidem ex re Medicina in Theori-
cam deducta, neque sine magnis huc vsque
erroribus suffulta est. Quædam enim rationes idipsum agnoscunt, nempe multò alia
quàm corpus mortuum esse anatomizanda:
Nam hoc pacto, cum Anatomia instructum
debeat efficere quemlibet Medicum, dupli-
cem eam esse necessarium est, Localem alteram, alteram Essentialem. Cum itaque Lo-
calis vna esse debeat, qua ratione in cadauere deprehendi possit non video, nisi præcen-
te Anatomiæ exterrioris cognitione, quam
demum extincti corporis Anatomia sequi
debet. Quod si quantulacunque saltem in
vobis esset veræ artis Medicę ratio, ipsi profecto fateremini, nullam in eo neque natu-

ram, neque effentiam reperiri vnquàm poffe, quemadmodum & veftrum nonnulli id
quoque admirantur, quòd corpus mortuum
rationis loco proponi debeat, vnde aliquid
fumatur, quod viuo proficuum futurum fit,
non expendentes Effentiam, propietatem
ac virtutem omnem, quæ Anatomiæ præci-
pua funt, de fiderari in eo ac planè fimul effe
defuncta. Proinde vos admonitos velim, fi
tamtifper nobis viui corporis conferuatio
curæ eft, eius, in mortuo falutem nullo modo quæratis. Altera verò, quæ Effentialis eft,
hactenus quidem intacta permanfit, præcipuum tamen, ac profefsionis Medicæ fum-
mam plenè intra fe cõtinet. Verùm quemadmodum communis iam confuetudo eft, vt
quæ meliora funt omittantur ac iaceant, de-
teriora verò magna induftria obferuentur,
fic etiam in hac torpor & ignauia præualuit.
Optimú enim quodq; à nobis negligitur, at
reliquum magis arridet, ac procedit fortiùs,
plusque apud vos fentitur quàm ictericia fel
lina. Nam hinc omnium veftrorum tam pro-
fundus ac impeditus cum Theoricæ, tum
Practicæ error, quafi per cuniculos quofdam
in vniuerfam irrepfit profefsionem.

Principiò propter animi veftri caliginem,
Localem quidem Anatomiam accipite in
hunc modum, vt ex hac nonnihil quod fequenti rationni coueniat, intellagitis. Quod
quidem

quidem aduerſum eos eſt, qui huic tantùm
ſtudent,& abundè ſufficere arbitrantur,ſcire
quomodo pulmo aut eparpendeát, aut qua
ratione etiam teliqua ſita ſint. Nam ſi in eiuſ
cemodi rebus Medica ratio verſaretur, fieri
non poſſet,quin aliquid vobis hinc emolu-
menti contingeret.Atqui eum corpus quidé
viuum, viuam quoque è regione obſeruari
Anatomiam deſiderat,viua certè corpora atque huic quidem æquilibrio conuenientia,
accipienda declarat. Quod ſi Anatomiam
hinc inde probè contemplemini, locum
mihi detis neceſſe eſt,quo par pari compa-
rem,habitus enim ac cuiuſque membri ſubſtantia,ei tantùm ſigno conuenit, in quo minimum deliteſcit. Quocirca Anatomiã vos
quęrere decet vltra eam quam cadauer præ-
ſcribit. Neque hoc mihi vitio vertatur, quaſi
vero Diaphragma neſciam,aut veſtris adſti-
pulari nugis cogar. Nam euidens eſt ratio,
quòd multo plura oſtendit vitæ Anatomia
ad aliam vitam,quam ſi in defuncto inquirere velim id quod ad vitá attineat. Quapropter in hoc pótiùs Anatomia obſeruanda eſt,
quo pacto morbi in hac ſe ſpargát, quiue lo-
ci aut regiones ſuis peculiarib. morbis conueniant aut non. cuius quidem Anatomiæ
rationem ſi habueritis,gloriari haud imme-
rito poteſtis,aliquo modo vos philoſophiæ
dediſſe nomina, probè nimirum & exacte,

indagádo id, quod in primis Medicū refert,
Viuam igitur Anatomiam vobis proponite,
non illam quæ cum laruis eſt luſta, ex qua
nihil penitus elicere poteſtis aliud, præter id
quod natura extrinſecus comprehendit.
Quare hoc opus, hic labor eſt, vt maioré iſt-
hic iam, quàm hactenus operam adhibeatis.
Ad hunc igitur modū Anatomia Microcoſ-
mi dignoſcenda eſt vnà cum ſuis locis & regionibus in dictis morbis. Non quòd morbos locis accommodem, verùm quo & vo
bis officium ſinam, & res clarius appareat,
eadem toties inculco, ſaltem vt Anatomia
quo pacto in flore ſuo ac ſuis exaltationibus,
pergat, non omittatur.

Neque hoc mihi malignè interpretandū,
quod in Anatomia vos tamdiu detineo. nam
eò me veſtra cogit ignorantia, ac immenſæ
veterum ſcriptorum nugæ. Quòd ſi peculia-
riter de ſola hac nobis eſſet (quemadmodum
inſtitueram) ſermo, errores veſtros clarius in
medium producerem, ac planè vlcus vobis,
vbi maximè dolet, aperirem. Cæterum hinc
non alius tantopere colligendus eſt fructus,
quàm vt aliquando tandem relicta hac mortua Anatomia conſideretis, ac ré æqua, quod
aiunt, lance perpendatis, quàm falſè, quam
que ineptè hactenus ſcriptitarint, quicunq;
ad noſtra vſque tempora de Anatomia ſer-
monem texere ſunt conati : qua quidem &
vos

vos & illi fic profefsioné confpurcaftis medicam, vt tantùm non in vniuersùm extincta
fit, tametfi nihil vobis reftat ampliùs quàm
vt de Ferrarienfium columnarum ftructura,
deque Perufinis tantifper hiftrionibus glo-
riemini. Quocirca non tam Medicina, quàm
nefandus quidam fucus ac impoftura hæc
eft meritò nuncupanda.

Summum enim ac præcipiuum hoc eſſe
in Medico duco, vt confluentiam Anatomiæ
probè intelligat, quo pacto loca & morbi
inter fe conueniant, nò quia id citra exterio
rem anatomiam fieri debeat, verum potiùs
vt per eandem in confluentiam deducatur,
cuius quidem rationem ac intellectum vbi
habueritis, haud difficulter in veftram fen-
tentiam me commouebitis. Nam vt videtis
quod quatuor funt effentiæ, quæ vnicuique
femini fuum dant profectum, fic eædem ipſę
vniuerfam Anatomiam conflent necefſe eſt.
Id qua ratione fiat cófultamini quęſo. Porro
tametfi pofsit fortè Anatomiæ diuifio contingere, vt altera in Chirurgiá legetur, altera
in ipfa permaneat Phyfica, rem tamen ipfam
non vſqueadeo ad vnguem ea diuifio attin-
gere videtur. Anatomiæ fiquidem Geome-
tria intellectum alia ratione prębet. Sed &
Iliadi habitus idipfum aperit, præfertim cú
vnum corpus exiftat.

Quid enim ex omnibus, quę ad medicum

M 5

attinent, hunc confluentiæ intellectu æqui-
pollet? cum præsertim citra anatomiam natura fermè protulerit nihil? hinc est quòd
omnia genera ac species separauit in seme-
tipsa. Quonam igitur pacto mortuum cadauer secantes, extendentes, ac tam miserè la-
niantes, quicquam ex eo acquiretur, quod vi
uenti vtile futurum sit? cum id quod hic cap-
tatis nusquam adsit amplius?

Hęc aduersus quatuor humores dicta sint,
qui nullum neq; locum neq; rationem Anatomiæ pati queunt, neque vlla via, quemadmodum feruntur ex his, morborum origines
contingere possunt. Cur igitur tantisper de
vestris humoribus gloriamini? quid sic am-
pullas & sesquipedalia verba subinde proij-
citis? quandoquidem non aliter atque poma
in suis locustis prodeant morbi, & perinde
vt illic, ita etiam in morborum generatione
aut sanguinem aut phlegma considerare ri-
diculum est.

Hoc itaq; si carueritis, quisnam à vobis tádem fatuum abiget, cum tam profunde radices egerit, vt euelli à quóquá vllo pacto nequeat, quin & hoc certũ est, eum qui pomis
suos dare & adimere nucleos potest, nõ minùs & morbis quoque non tamen consultis
priùs quatuor humoribus, dominari posse.
Harum igitur ægritudinum ratio ex sola debet Anatomia ferre iudicium, non autem ex
                                        humo-

humoribus. Contemplemini quæſo vos vel
meſpila poma: creſcũt enim ea neque ex Colera, neque ex melancholia, verùm potius ex
confluentia Anatomiæ. Huc huc adhibete
nares, & olfacite quidnam ſit ſpecificũ, quod
hunc fructum in radice adoriatur, idq́; etiam
his comparate ægritudinibus. Nam eodem
pacto & morbi naſcuntur non ſecus, atq; ex
tellure fructus. Quapropter corpus ipſum,
omnium ægritudinum quaſi fundus eſt: ex
eo namque non aliter, quàm ex terra fructus,
procreantur. Cum igitur corporis fructus
morbi ſint, circumſpicite vbinam inueſtiga-
ri debeat Sinapium, quod pro Eruca hactenus, ſed falſo, accepiſtis. Verùm quemadmodum ſoletis vtiliſsima quæque ſpernere, ita
etiam hac in re priſtinam obſeruaſtis con-
ſuetudinem.

Qemadmodum localé prius Anatomiam
poſui, vt in hanc ſententiã intelligatis, quod
ad ægritudinum loca attineat, quænam in
vno morbo conſonent membra, veluti quæ
in pruritu patiantur, quæue in alopecia, quæ
in hydropiſi, qnæ in Aſclite. Similiter etiam
quæ vermes & Aſcarides foueant. Item quæ
loca vitæ, quæ ſint mortis, quibus in locis
Mummia deliteſcat, in quibus Caducus la-
teat, vbinam paralyſis gubernet, vbi lethar-
gicus morbus, ac reliqui deniq; omnes.

In hanc ſententiam cõcluſum volo: quot,
quam-

quamq́; variæ funt ægritudines, totidé quoque eſſe corpora & loca, ſicuti externæ quoque Anatomiæ vnicttique procreato ſuum
corpus, idque proprium ac peculiare conferunt. vt enim Duelech argentum non producit, ita nec hydropiſim epar. Quocirca
mortuum cadauer haud iniuria reijci, ſper-
niq́; poteſt, ceu ad hanc rationem capeſſen-
dam minime idoneum, quandoquidem cognitio iſta non ex phyſico corpore proſiciſci
tur, verùm potiùs ab externo, eius quod in-
trinſecum eſt, corporis, agnitionem capias
neceſſum eſt.

Cæterùm & de Eſſata quidem Anatomia
nonnihil dicendum eſt: quod cur fiat, hæc eſt
qua mouemur ratio, quod multa ſubinde in
ſubiecto inquirere conamini. An hactenus
non rátulum in vobis habuiſtis iudicij, quod
nullum vnquam in Vita ſubiectû fuit? Quid
nam in eo quæritis, cû ſciatis maius aliquod
eſſe à quo ſubiectum pati oporteat? reſpicite
quæſo terram, ea pino velit nolit ſuum exitû
admittere cogitur. Quid igitur Epar tádem
prohibere poſsit? An quicquam iudicij veſtra habet medédi ratio, cum ſubiectum perinde ac morbum contemplemini, putetisq́;
cognito ſubiecto rem (ſi dijs placet) optime
geſtam? Iam opinor rationem ſcitis. An non
vos pudet tá craſſa Minerua præditos, quòd
ſubiectum pro materia & cauſa morbi acci-
　　　　　　　　　　　　　　　　　pitis?

pitis?Nunquam ne vobis fuboluit,an præ vini copia fubolere non poterat, quòd vnum-
quodq; fubiectum accidenti fit obnoxium?
id fi vobis admittatur, quid quæfo in fubiecto amplius manet, quando adhuc accidens
fupereft?hęc ob id dico,quia quodlibet accidens Effata Anatomia exiftir, quamuis licet
in fubiecto circum volutemini: id quod ve-
ftris præceptoribus accèptum feratis, cũ nec
ipfi à vobifmet melius quid reperire pofsi-
tis, illorum tantum verbis addicti. Hoc igitur ita fe habente , quod fubiectum operiri
accidens oportet,quo fe veftræ quadripart-
tiones côferent,quorfum veftra colera?quor
fum veftri humores ? quorfum qualitates?
quorfum etiam fex res naturales,& totidem
innaturales ? Hæccine Medicæ profefsionis
ratio effe debet? Quocirca mirari defino tantam vbiq; tam in ædibus,quàm in plateis lã-
guentium phalangem,ac infinitam multitudinem.

Verum quo tandem effatam Anatomiam
aggrediamur, hoc fummum acpræcipiuum
rei argumentum eft, quod corpus phyficum
nullo modo confiderari oportet ad morbi
originem,nec in fubiecto quicquam agi, neque in eo morbum inquiri. Sed perindè eft
vt de pômo,quòd vndenam crefcat,promite
quæfo fi quid habetis. Num ex terra dicitis?
erratis.primum eft enim fubiectum: an ex li-
gno?

gno? neque hoc verifimile:nam rei fubiectū
eſt. Non aliter profecto hac de re loquimini,
quàm ſi caput per feneſtram protendente a-
liquo, dicat quis ex domo eum vel feneſtra
naſci. An quia gallinæ pullus ex teſta caput
roſtello errumpat,ex ouo procreari eum cō-
feſtim dicetis? tota certè, quod dicitur, via,
totoque cœlo erratis. quanquam rudiotes,&
qui parum rem intelligunt,aſtipulatores vobis non dubito. Verùm vos egregij Domini
Doctores,omnia & credere, & agere uobis
probe licere putatis. Neque Ariſtoteles quidem mecum ſentit, neque hi mihi credunt,
aut vnquam credituri ſunt,qui me toties de-
ceperunt,quiue id adhuc conantur, quique
ſuæ tantùm rei ſtudent. Sed ij duntaxat fidē
mihi habent, á quibus vtraque Anatomia
dignoſcitur:plus quidem eruditionis in veſtris eſſe bibliothecis exiſtimaſſem, quàm vt
idiotas demum veſtræ cauſæ teſtes adducere cogeremini: ſi quis ex ſpecu aliquo prodeat,inde eum ſtatim procreatum perſua-
deatis.

Atqui vt tandem rem expediam acſum-
matim dicam, Omnes ſanè morbi â peregri-
no veniunt in ſubiectū. ex quo ſequitur,quot
poma,quot nuces, quotque fructus alij, totidem etiam eſſe morbos. Et non pudet vos
interim ea in quatuor ſecare partes, ſcilicet:
Hoc melancholia eſt,hoc colera, &c. Conſi-
derate,

derâte, elementũ ignis, ex quo tam nix quàm
calor prouenit, tam frigus quàm calor. Similiter etiam quotquot eiuſmodi accidentia
ignitarum impreſsionum, totidé ſunt etiam
ægritudines in Microcoſmo, & quotquot
mineralia, totidem etiam morbi, quotque
thereniabin, totitidem & morbi. Sed quia
hec extrinſecum quidem cognoſcitis, quiſ-
nam illò vnumquotque diſpoſuerit, quale-
cunque tandem vobis veſtræ ignorantiæ o-
perculum phantaſia ſuppeditat, ex quatuor
videlicet humoribus. Hem vos, quàm eſtis
ſcilicet probè inſtructi? Poteratis vel purpu-
tam potius, quàm eiuſcemodi viles contexiſ
ſe pannos, ac ita centones oſtentare, ta-
metſi ne ſic quidem alicuius
momenti futuri.

F I N I S.

www.ingramcontent.com/pod-product-compliance
Lightning Source LLC
Chambersburg PA
CBHW070409090426
42733CB00009B/1595